Cristina Wargon

OÍD MUJERES EL GRITO SAGRADO

Ediciones de la Urraca

Diseño de tapa: Andrés Cascioli
Composición en sistema Láser: Buena Letra S.A.

3ª Edición: Febrero 1995
© 1994, Ediciones de la Urraca S.A.
Venezuela 842, (1095). Capital Federal
Hecho el depósito que indica la Ley 11.723
I.S.B.N. 950-9265-41-1

Prólogo

Este es un libro de autoayuda, rebosante de talento y original ingenio mujeril. Nos ayuda nada menos que a desdramatizar la vida familiar y sacar al sol ciertos trapitos muy guardados. Hace un tiempo que Cristina Wargon nos acompaña en esta benemérita labor, desde algunas páginas periodísticas o desde sus desopilantes libros anteriores.

La vida familiar sería un paraíso si no se pareciera tanto a las telenovelas: portazos, amenazas, reproches, venganzas, palos (no precisamente el de amasar, que en los chistes caducos siguen empuñando las señoras, sino reales violencias que siempre existieron y sólo ahora escandalizan).

¿Cuándo es ahora? Desde hace algunas décadas, cuando las damas se decidieron a ventilar secretos y denunciar tropelías. Y si por un lado se debaten en Tribunales, por otro han empezado a ejercer una actividad quizá más peligrosa: el sentido del humor. Valga el tópico de recordar que una sonrisa desarma y quizá movilice la reflexión del adversario.

No hay mujeres humoristas, dice un adagio surgido de pensadores que ignoran que a las niñas se nos *prevenía: Nena, no te rías tan fuerte; nena, ese chiste está fuera de lugar, etc. Cristina Wargon ha sido una de nuestras pioneras en eso de ponerse fuera de lugar. Se puso a mirar como de afuera el conflicto familiar personal y apropiarse del ajeno, a traducir el dramón a comedia y el lagrimón a sainete. Ignoro si así configura una receta para alcanzar la felicidad, pero al menos se la concede a los lectores, que gozarán de estas notas hilvanadas como una novela, una saga de la comedia humana de estos pagos en este fin de siglo que supimos conseguir.*

La suma de percances –fatales o alevosos– suele transformar en irrespirables el ámbito doméstico y el social. De algún modo hay que enfrentar esa contaminación. El humor, según Henry James, puede obrar como desinfectante. Oíd, mujeres. Tosed, varones. Leed y respirad estos aires liberadores y revulsivos, procedentes de la sierra cordobesa, semillero de jocosa filosofía.

María Elena Walsh

*Otra vez a Coco Feldman,
porque aún me tiene simpatía.*

PADECERES... MADRECERES

La madre es la única religión
sin ateos.
Pero los agnósticos cunden...

El día que mi hija robó un bebé

Me parece que todo comenzó en la estación de tren una heladísima noche de julio, pero seguramente fue antes, quizá con una de esas sentencias que suelo proferir, que a mi juicio son profundamente educativas y que mis hijos utilizaron siempre para justificar sus más incalificables desmanes. Ahora que lo pienso bien, todo comenzó con un festival de rock y culminó cuando mi hija se robó un bebé.

Lo primero que deberíamos aprender las madres de adolescentes es que, como los reos, todo lo que digamos puede ser usado en nuestra contra. Enseñanza que, notoriamente, nunca asimilamos, pues seguimos diciendo sandeces hasta dos minutos antes de nuestro propio entierro. Pues bien, dentro de una sarta de pavadas que consideraba profundamente educativas estaba la palabreja "libertad", cuestión que yo unía a la democracia y mis criaturas a cualquiera de sus más espurios fines. Lo cierto fue que durante una sobremesa la Negra me anunció con decisión:
–**El 15 de julio hay un festival de rock en Buenos Aires y pienso ir.**
La estocada me llegó de espalda mientras marchaba con los platos hacia la cocina. Mi di vuelta desparramando restos de pizza por todo el piso para gran alegría de Hermeto, nuestro gato, que a fuer de indiferente era el único alegre con la situación.
–**Es rock, es en Buenos Aires y tenés catorce años** –repliqué, y la batalla había comenzado. La Negra se acomodó en su silla.

—Si tengo catorce años es por tu culpa y no la mía –preferí dejar caer ese guante que nos llevaría a cuantas peras puede dar un olmo–. Si **se hace en Buenos Aires tampoco tiene que ver conmigo y no veo por qué decís ¡rock! con esa cara de milico, si siempre nos dijistes que adorabas el rock.**

Retomando mi dolorosa reflexión inicial, he aquí el ejemplo de que el pez y las madres por la boca mueren: ¿por qué no les habré dicho que adoro la música barroca que trae menos problemas?

¿Cómo se dice no?

En esa época estaba divorciada y vivía sola con mis dos pichoncitos. Gentil metáfora. En realidad me sentía como un domador de tigres que debe salvar su vida dejándoles al mismo tiempo la sensación de que controla airosamente la situación. Era difícil, sobre todo porque una divorciada puede aprender a hacer cualquier cosa menos a dar permisos. Para ser más precisos: a negarlos. Ese rotundo, fulmíneo "NO" que puede decir un padre, para mí le sale directamente de los testículos, y por más empeño que una ponga, "eso" no tenemos. Con esta inferioridad de condiciones empezó el combate. Apelé entonces a la primera regla de oro para decir "No" a una jovenzuela levantizca: **sos muy chica**. La Negra sacudió briosamente su pelo con lo cual otra tanda de migas cayó al piso para alborozo de Hermeto que ya comenzaba a interesarse por el caso.

—**Si soy lo suficientemente grande para que me guste el rock, soy lo suficientemente el grande para ir a escuchar rock.**

Debe existir alguna respuesta inteligente para esto, pero todavía no la encontré. Avancé entonces por un flanco que me parecía absolutamente irrebatible.

—**No tenemos plata para ese gasto** –el resto de la familia se puso de mi lado. Hermeto lamía sus miguitas, recordando, lastimeramente, que era el único gato vegetariano de Córdoba, y la bestezuela menor comenzó su histórica proclama por zapatillas nuevas.

En el tumulto subsiguiente, que por ser uno de los clásicos familiares era más previsible, creí, en mi inclaudicable inocencia, que la Negra se había dado por vencida. Si hay en el cielo algún lugar para madres ilusas, tengo asegurado mi ingreso con aplausos.

La nena contraataca

Estábamos cenando... ¡adivinaron!, otra pizza (la escasez, unida a la falta de ingenio culinario, siempre da como resultado prepizza recalentada) cuando la Negra luciendo su mejor cara de arcángel posando para una catedral preguntó:

–¿**No es cierto mami que vos nos enseñaste que las cosas son de quien más las quiere?**

Rebusqué en mi memoria y allí estaba. La frase originalmente provenía de Hemingway (creo), y es un bello concepto que, en términos generales exalta el amor. Temblé y esperé lo peor: ¿qué podía haber hecho la muy ladina basándose en tan hermosas palabras?

–**Sí** –musité.

–**Bueno, ¿te acordás que me dijiste que no había plata para que viajara al festival?** –la Negra tenía una expresión temiblemente serena, de esas que una ve en la películas de Las Vegas cuando un fullero ha ligado una escalera real servida. Las manos comenzaron a sudarme y se me cayó una aceituna al piso para alegría de Hermeto, que sentía una descontrolada pasión por las aceitunas.

–¿**Y?** –pregunté, calculando velozmente para qué lado me iba a caer cuando me desmayara.

–¿**Te acordás que la tía Michi me regaló una medalla de oro para el bautismo?**

Lamentablemente me acordaba, del bautismo y de la tía Michi. El primero había sido impuesto por su padre y contra mi voluntad. **Cuando estaba casada** –pensé con ira–, **yo no tenía el menor control sobre la educación de mis criaturas, en cambio ahora de divorciada** –me detuve y reflexioné un instante– **¡ahora directamente no tenía control sobre nada!** El descubrimiento me deprimió casi tanto como evocar a mi ex marido, pero me guardé todas estas reflexiones porque tenía fresco lo que había leído en una revista donde explicaban clarito que es terriblemente perjudicial para los niños decirles lo que una piensa sobre su papá. Me limité sobriamente a preguntar:

–¿Y qué pasa con tu medalla de bautismo?

–¡La vendí y me saqué el pasaje a Buenos Aires en tren!

No fue exactamente un desmayo. Sólo caí sobre Hermeto, que se tragó el carozo de la aceituna y todavía hoy me mira con ojos de reproche. Algo había quedado claro: el viaje estaba en marcha.

Andén para la tragedia

Hay sólo una cosa más deprimente que un tren que parte a la noche llevando a una hija adolescente a un festival de rock: los vagones "clase turista". Allí viajaban colimbas con aspecto de desertores inminentes, gente llegada de provincias más pobres que la nuestra, rumbo a un incierto destino de gloria en la Capital y un tumulto de adolescentes, la mayoría colados, con diversos propósitos, a mi juicio todos delictivos. Hacía un frío como para congelar esquimales y ahí estábamos los tres, los dos pichones y su madre sostenida a fuerza de Valium. La Negra tenía un entusiasmo refusilante; yo no paraba de darle recomendaciones donde se mezclaba lo importante con lo absurdo:

–**No aceptes drogas, no te olvides del saquito, portate bien con tu abuela** (allí iba a parar), **cuidate de la policía** (eran tiempos de dictadura), **no se te ocurra ir al departamento de ningún señor, lavate los dientes, comedite a levantar la mesa, cuidá que no te roben, tendé la cama, llamame por cualquier cosa, no pierdas el pasaje y no te olvides de decirle a tu abuela gracias por todo cuando te vuelvas.**

La Negra se mostraba tan sensible a mis recomendaciones como la locomotora que humeaba al final del andén, y su hermano había adoptado una actitud fatal. La idea general era: "Qué mala madre sos que dejás que mi hermana se vaya, seguro que le va a pasar algo". Yo estaba absolutamente de acuerdo, pero me indignaba que el pequeño criminal, se pusiera en responsable justo en ese momento crítico. Mientras sacaba otro puñado de Valium de la cartera y lo masticaba sin agua apareció el personaje que nos llevaría a la tragedia: una jovencita hipposa de muchos collares y abalorios, quien llevaba colgado a su espalda un bebé. El bebé tenía los mocos hasta el piso, una mugre aún mayor que la de su madre y berreaba como la sirena de los bomberos. Además tenía frío. Aunque esto último no es muy confiable, dado que soy de las que abrigo a los chicos bajo el sol más implacable. No pude resistirme a endilgarle otra de mis enseñanzas a la Negra para que fuera aprendiendo a ser buena madre:

–**Mirá** –dije señalando a la réproba–, **cuando se tiene un hijo es para cuidarlo.** De paso esperaba que registrara cuánto amor de madre había en las tres camisetas y quince pulóveres que le había obligado a ponerse. La Negra, que estaba entusiasmadísima mirando a un colimba, pareció prestarme la misma atención que una vaca a la Teoría de la Relatividad de Einstein, pero lamentablemente me escuchó... sólo que a su manera.

Se corre el telón

A la mañana siguiente, antes de que alcanzara a llamar yo, habló mi madre por teléfono. Tenía una voz radiante, la que suele utilizar para anunciar una muerte.

–**Hija, no te pongas mal que la Negra no tiene la culpa** –me descerrajó.

Mi vieja es la única persona capaz de hacer este tipo de enunciados en código catástrofe. Pasada en limpio se leía: **Ponete muy mal que la Negra acaba de hacerme algo terrible.** Junté un puñadito de voz y pregunté:

–¿**Qué pasa?**
–¡**Acaba de entrar con un bebé!** –remató con esa euforia que le provocan las desgracias.
–**Dame con ella** –troné.

Creo que en ese instante me habían crecido testítulos de la ira.

La joven delincuente se puso al teléfono y desenrolló una historia que de tan increíble parecía lapidariamente verdadera. La cosa había empezado en el tren donde la madre iba sin pasaje, de tal modo que cada vez que pasaba el guarda o la policía controlando, debía correr a esconderse en alguna parte. Conmovida por el bebé y atenta a mis sabias palabras de despedida, la Negra se había ofrecido a hacer de madre y tan oronda juró que la criatura era suya ante todas las autoridades del Ferrocarril durante los ochocientos kilómetros del viaje.

–¿**No estuve bien mami?** –preguntó haciéndose la idiota.

Como sólo contesté con un rugido ella siguió con el relato. Al llegar a Buenos Aires el bebé ya la reconocía y le sonreía.

–¡**Es tan divino mami!** –mi rugido se duplicó, con lo cual la rea se dio por enterada de que el horno no estaba para bollos. En síntesis tomaron el mismo colectivo los tres. Allí la madre, de nombre Miriam, le pidió que se lo tuviera "por un tiempito", y la Negra cargó con Lucas (así se llamaba el nene), una mamadera, y dos latas de leche en polvo y arribó a la casa de su abuela.

–¿**Dónde está la madre?** –bramé.
–Ya te dije que no sé.
–¿**Cómo se llama?**
– Ya te dije que Miriam.
–¿**Miriam qué?**
–Qué sé yo.
–¿**Y el padre?** –ahí estuve realmente estúpida, así que previo aclararle que en cuanto pudiera la iba a ahorcar con mis propias manos pedí de nuevo con la abuela. Confusamente oí que estaba improvisando pañales, que ya tenía armada una cuna y que el barrio murmuraba por qué había comprado media docena de chupetes.

–**Ya te hablo** –dije y corté.

Y ahora qué hago

–**Te lo dije** –acotó mi hijo con malevolencia, y se ligó una de las pocas bofetadas que registra mi historial de madre. ¿Habrá algo más indignante que un niño cuando tiene razón?

Mi primer impulso fue ordenarle a mi hija que se volviera dejando el bebé a su abuela. Pero me pareció algo desconsiderado... ¿y si llamaba a los bomberos?... No, eso era algo exagerado... ¿a la Sociedad Protectora de Animales? No, eso era improcedente. Finalmente llamé a mi prima abogada. Algo me decía que estábamos metidos en un lío gordo y mi intuición resultó buena. Según me informó, desde cualquier punto de vista eso era "secuestro de persona" y su abuela vendría a ser cómplice, instigadora, encubridora y otros tipos penales afines. Además si volvía a Córdoba con el bebé, yo también sería culpable de todo eso. La situación estaba así: mi hija podía ir presa (lo que realmente se merecía y hasta me hubiese parecido óptimo si no fuera porque seguro yo perdía la tenencia y antes que eso debía ahorcarla), mi vieja podía ir presa (eso ya me preocupaba más porque mis hermanos se iban a molestar conmigo), y yo podía ir presa. A esta altura lo deseaba de todo corazón... **¡¡presa en una celda acolchada durante cinco años y salir cuando mis hijos hubieran pasado la adolescencia!!** Eso. Antes de ir a entregarme a la comisaria más cercana privó la razón, así que levanté el teléfono e impartí las instrucciones que me habían dado: las dos y el bebé debían ir a la comisaria más cercana, contar la historia y dejar constancia de que no había asociación ilícita, secuestro extorsivo, hurto calificado, daño, lesiones, corrupción de menores, extorsión, cohecho, sometimiento de persona ni homicidio con premeditación y alevosía. En síntesis, se hizo lo correcto, que de ningún modo fue lo suficiente, mi vieja fue llevada por la policía varias veces hasta convertirse en habitué de la seccional y consolidar en el barrio fama de narcotraficante; finalmente el bebé fue retirado por unos abuelos de Rosario. De la madre no supimos más nada y mi hija volvió con una estampilla en el trasero. Curiosamente, en lugar de ahorcarla la abracé y me puse a llorar. Mi hijo aún insiste en que fue una total injusticia que la única trompada del episodio se la llevara él. Creo que tiene razón.

¡Auxilio! ¡Hay algo en la heladera!

He llegado a pensar que cuando una ya no entiende nada de la vida opta por clasificarla. Así se puede acomodar el mundo entre gente sucia y gente limpia, o para el caso, carreras universitarias paquetas y carreras tirando a cochinas. Medicina, también lo he descubierto, está decididamente entre las últimas. Si alguien quiere discutirlo que primero lea la historia de la heladera.

En este inapelable y discutido oficio de ser madre, la primera condición es acostumbrarse y aguantar (puteadas más, pedagogía menos). Estoicamente, lidiamos con los primeros regalos escatológicos de nuestro bebé, vulgarmente llamados pañales con caca. Cuando nuestro bebé crece, si es varón (y a él voy a referirme), deberemos soportar los obsequios más extraños. Recuerdo, por ejemplo, haber sido poseedora de una oruga verde, un gusano, ¡bah!, y de haber criado a mamadera dos diminutas ratas, todos regalos de mi querube, quien desde su más tierna infancia ya mostraba una irrefrenable vocación por el romanticismo. Pues bien, lo aguanté todo, ya estoy vieja y él es un grandulón. En síntesis, el feto que me ha dejado en el freezer no me lo banco. ¡Socorro!

Me cache en Hipócrates

Por supuesto que una no llega a la apasionante experiencia de convivir con un feto de la noche a la mañana. Don Hipócrates y sus interminables discípulos tienen la culpa. Me refiero a la existencia de esa deleznable carrera llamada Medicina y a esa deplorable fauna que la sigue, llamada "estudiantes".

Como habrán adivinado, mi hijo se encuentra entre ellos,

tercer año para más datos, laburante alumno, ligeramente obseso y peligrosamente entusiasta. Digamos que, según lo visto, esta carrera se agudiza con el tiempo. Al comienzo todo era una delicia, el mozo se ponía el delantal y partía a su "facu", estudiaba con enjundia y hacía gala de la mayor prudencia. Léase que ante cualquier percance de salud en la familia aconsejaba sensatamente llamar a un médico. Haciendo memoria, lo único que nos tocó padecer durante ese primer año fue una colección de huesos. Pero como los guardó en su pieza a nadie impresionaron demasiado. Ya en segundo año comenzó a mostrar señales alarmantes: cual Drácula desarrolló un morboso interés por nuestras venas. Concretamente clamaba para poder practicar ¡**pinchándonos!** Aun a riesgo de conspirar contra su futuro profesional, la familia se mostró renuente a prestarle ninguna parte de nuestras anatomías, ni siquiera el trasero para que pusiera una mísera inyección. ¡Joderse! Después consiguió un aparatito para medir la tensión y nuestra vida se transformó en un martirio de apretadas, infladas y auscultaciones. El trajín agudizó mi hipocondría crónica y justo cuando comencé con las lipotimias y los "¡Me muero, me bajó la presión!", él decidió terminar con sus prácticas y tomó venganza con un lacónico "morite". ¡Joderme!

El extraño pasajero

En tercer año la situación comenzó a agravarse. Como el almuerzo es siempre el lugar del diálogo, los bandos se dividieron: hacia un lado los "humanistas", interesados en el devenir del mundo, la política, la literatura y otras fragantes yerbas y, por el otro, él solito que aportaba a la conversación datos tan poco felices como las estadísticas de hambre en el mundo, las parasitosis del subdesarrollo, los cánceres de mamas y otras infecciones asquerosientas de toda laya. La digestión se hacía difícil y el diálogo decididamente imposible. Y fue precisamente al terminar el almuerzo cuando un día anunció: "He puesto un feto en el congelador". Su hermana tosió una uva sobre el plato y muy poco académica gritó: **¡Hijo de puta!** Yo quedé tan atónita que ni defender mi honra pude; el papastro púsose verde oliva y partió al baño a hacer arcadas. Ya era tarde para todo, el extraño estaba instalado en el freezer y el dueño decidido a mantener su estadía por encima de su propio cadáver.

Pasada la impresión inicial, traté de consolarme con el pobre argumento de que toda familia tiene algún secreto que esconder. He aquí la palabra clave, "esconder"; tal vez se pueda hacerlo con un "secreto" pero esconder una heladera entera, aun para mí, de naturaleza escondedora, resultaba imposible. Sencillamente la clausuramos. Nuestros amigos comenzaron a tomar refrescos calientes y la señora que trabajaba en casa recibió una explicación abstrusa sobre el porqué estaba prohibido abrirla. Mientras tanto la pelea familiar alcanzaba niveles épicos. Al punto de que en alguna agotadora sobremesa terminé pensando que finalmente uno de nosotros iba a terminar también en la heladera.

Convivir es nuestro lema

Créase o no, cuando nos cansamos de pelear terminamos por aceptar al extraño pasajero como parte de la familia. En primer término se lo acristianó bautizándolo. Resultaba más fino y cariñoso preguntar: **¿Cuándo se llevan a Carlitos?,** que vociferar: **¡Llevate al feto desgraciado!** De igual modo nuestras paranoias tomaron otro rumbo. Al comienzo temblábamos porque la señora, desobedeciendo órdenes, terminara dándoselo al gato o, lo que era peor, sirviéndolo en un guiso. La idea, que en un principio nos daba asco, comenzó a darnos pena... ¿Es que acaso Carlitos merecía una suerte así? ¿No habría sufrido lo suficiente el pobrecillo para terminar una vez más sus días en una multiprocesadora?

La suerte estaba echada, Carlitos era uno de los nuestros. De la urgencia por sacarlo de la casa pasamos a preocuparnos por su destino. Nuestro amor, ya desatado, se disimulaba bajo formas como: **Después de tanto lío no lo vas a ir a tirar por ahí.** El culpable calmaba nuestras ansiedades explicándonos que en cuanto consiguiera formol lo metía en un frasco y lo fletaba. Tímidamente inquirí su edad, mi hija se interesó por su sexo, ¿tenía pelos, manitos? Sí, Carlitos era una verdadera ricura y varón para más datos.

Mientras esperábamos el formol que debía librarnos de su presencia (tardó como si fuera un hectolitro de Chanel Nº 5 contrabandeado a lomo de burra vía Bolivia) comenzamos a debatir el porqué debía irse, **total si lo dejás en casa no hay problemas. Que no quede muy a la vista**, sugería yo pensando en nuestros amigos que son gente muy impresionable.

Un hijo en la probeta

Finalmente llegó el formol, la heladera fue abierta y Carlitos trasladado a su cuna. Pensamos en atarle un moñito celeste pero, según la opinión de mi hijo "con tanto moño nunca va a salir macho". En realidad, no sé en qué va a terminar. En estas épocas de tecnologías extrañas, en una de esas conseguimos una madre postiza que lo termine de criar. Mientras tanto, ha resultado un hijo modelo. No llora, no exige, no pide pis ni caca ni me despierta a la madrugada. Es una suerte de niño ideal a quien pongo como ejemplo en cada sobremesa. Reposa en la pieza de su padre con una corrección imperturbable. Todavía no me acostumbré a mirarlo, pero estoy segura que el día que grite: "¡Mamá!", tiro mis aprensiones al diablo y lo acuno. Me parece que ya es hora de legalizar esta situación. En cualquier momento lo llevo al Registro Civil y lo anoto, aunque estos empleados públicos son de tan corta imaginación que seguro me tiran encima toda la burocracia. O tal vez la familia termine en el loquero más cercano. Resumamos: "¡Nadie se atreva a meterse con Carlitos! Redescubrir las delicias de la maternidad a mis años es una experiencia sin par.

Mi hija quiso adelgazar...
¡y yo aumenté cinco kilos!

En mi familia, que de tan diferente termina por ser igual a todas, tenemos mucha gente rara. Hay rubios y morochos, lungos y petisones, neuróticas y neuróticos, gerontes y adolescentes, madres y papastros, rayados y rayadísimos... En fin, ¿cómo nos había de faltar entonces un gordito creyente de los regímenes?

Personalmente no tengo objeciones. Pero por ser solidaria y algo ansiosa, los rollos de la pera ya se me confunden con la panza. ¡Piedad!

Hasta que mi hija cayó con la noticia de que pensaba ir a Gordos Anónimos, yo estaba convencida de que esa institución era una mezcla de Partido Humanista con secta Moon (no hay nada peor que una ignorante imaginativa). De cualquier forma, como en la casa se respeta la libertad de culto y hasta tuve que pasar una vez por un intento de estudiar japonés, suspiré fuerte para adentro, con cristiana resignación, y pensé **ya pasará.**

Pues bien, no pasó. Tengo ya cinco preciosos kilos de más, todos y cada uno dedicados a esa benemérita institución. ¡Me cache en los hidrocarburos!

Para un gordito
no hay nada mejor que otro gordito

Las primeras reuniones se realizaron en el colegio Santa Teresa de Jesús. Como no obtuve el menor relato de su desarrollo, me di a imaginar extraños conjuros místicos, mezcla de salón literario con secta prerrevolucionaria. La cuestión seguía inquietándome, pero llegué al estado de pánico cuando una buena tar-

de mi "anónima" exclamó: **hoy empiezo,** y salió a hacer compras. Les juro que desde Navidad no había entrado tanta comida junta a nuestro hogar. Bolsas y bolsas de verduritas, gelatinas, carne, jamones, quesos, huevos... ¡caramelos!

La parte materna de mi corazón pensó: "Si esta criatura baja de peso con todo esto, me hago monja tibetana".

La parte espuria se apresuró a sacar cuentas: semejante cantidad de comida equivale en pesos a una nota de 125 líneas bien transpiradas (manías periodísticas, que les dicen). ¿Cuántas líneas debería entonces escribir por kilo? Como ando flojita en regla de tres, calculé sólo: "muchas", y me sumí en el desconsuelo. De cualquier forma guardé silencio y esperé.

Sobrevino luego un feroz trajinar de cacerolas (tarea tan inusual en la infrascripta, que produjo un temblor en Chile) y de allí en más una maratón de horarios y de "ingestas". Valga aclarar en este punto que cuando alguien entra en **Gordos Anónimos** se modifica hasta el lenguaje. Antes de la experiencia, las comidas se llamaban en casa: desayuno, almuerzo y cena; desde ahora se denomina **ingesta.** De igual modo se incorporaron nuevas malas palabras. Recuerdo bien cuando en estos pagos el insulto más grave era "fascista". En la actualidad, "hidratos de carbono" es peor que decir "nazi".

Pero en verdad los cambios lingüísticos son lo de menos. A poco de convivir con un gordito en vías de redención, uno se siente tan cómodo como el Marqués de Sade en un monasterio.

Comienzan por observar con ojo crítico que nuestras "ingestas" son insalubres, que es espantoso desayunar café cargado, almorzar fideos, saltearse la ingesta de la tarde y cenar cualquier cosa. Se nos puntualizan los horribles males que nos aguardan de seguir por tan torcida senda y se nos termina de fusilar cuando, una vez que entran en confianza, nos descerrajan: **Vieja, ¿te has dado cuenta de que estás gorda como un chancho?** ¡Mal rayo me parta! Llenita puede ser, pero un chancho... ¡mocosa de miércoles!

Es inútil cualquier resistencia; cuando un gordito ha descubierto las ventajas de bajar de peso, se pone más cargoso que un Testigo de Jehová. A la manera de Sarmiento, quien decía que mal cree un hombre que no intenta predicar su fe, hacen de la gordura del prójimo el blanco de su militancia. ¿Y qué mejor prójimo que la santa madre? (que vengo a ser yo).

Por lo menos una vez por día recibo un curso para iniciados en la dieta de soja, hay otros minutos dedicados a considerar que "realmente, vieja, estás gordísima", y como broche de oro, en cada ingesta de la familia se nos recalca que la salsita tiene "hidrocarburos", que una milanesa es portadora de no sé qué clase de proteínas infectas, que el pan nuestro de cada día va a terminar por hundirnos para siempre en la más insalvable obesidad, que el azúcar es pecado y las pastas una abominación del cielo.

Pues bien, sometida a este tratamiento me agarran unos nervios espantosos, me da ansiedad oral y escrita, y de la angustia me como hasta las medias.

Anótese a este rubro los primeros tres kilos que le debo a su régimen. De nada.

A las cinco de la tarde

Aunque mi apreciación es subjetiva, me da la sensación de que un candidato a adelgazar tiene que estar todo el día comiendo. Pero a horarios, eso sí. En verdad, me desquicia que un despertador suene a las 3 de la mañana o en horas igualmente insólitas, para hacer acordar a la niña –y de paso a toda la familia– que ha llegado el momento del yogur, del té, del queso o de lo que demonios corresponda.

Sin embargo, todavía dentro de los límites del hogar la cuestión es soportable. Pero, ¿han hecho la prueba de ir al cine con algún militante de ésos? ¿Saben la clase de bochorno que uno puede pasar cuando en la mitad de "Los gritos del silencio", por ejemplo, saca, imperturbable, una manzana y comienza a hacer "crunch crunch"? Más les digo: ¿han experimentado alguna vez la sensación de ver una película repleta de cadáveres mientras a vuestro lado, con la mayor calma, alguien deglute un yogur (haciendo ruidito con el frasco, para colmo, porque es fato in casa)?

Por mi parte pongo cara de que no nos une el menor vínculo de parentesco y, como aquel apóstol desleal, estoy dispuesta a negarla tres veces como hija si interviene el acomodador.

Peor la pasa, sin duda, ese ignoto profesor de la facultad al que le toca asistir a la "cuarta ingesta" (que viene a ser como la merienda). Debe ser altamente desconcertante ver cómo un educando, en la mitad de una explicación de lingüística, comienza a desplegar potecitos "Taperwears" conteniendo jamón, bolsas de polietileno con queso y prolijos paquetitos de pan. Pero sin duda ha de ser espantoso ver que además de desplegarlos... ¡se los come! Bien dicen que la docencia es un apostolado.

Batallas intestinas

Pareciera que la consigna es: **Si no puedes plegarte a ellos, aguántalos.** Y juro por la panza de Buda que convivir con uno de ellos es un juanete.

Veamos. Antes de que esta institución arribara a casa, nuestra heladera estaba más vacía que Atila de bondad humana; y una de las pocas cosas buenas que tiene la mishiadura es que, cuando no hay nada que repartir, no hay nada por qué pelear.

Sin embargo, a un joven rugbier que vuelve de entrenarse en la **gloriosa U**, y que quiera **echar lomo,** vayan ustedes a convencerlo con estos argumentos:

–**¡No, el jamón es de tu hermana! ¡No te comas el queso, que es para la tercera ingesta! ¡Dejá la gelatina, que es dietética! ¡El yogur tampocooo!**

Resumiendo, libramos combates feroces frente a la heladera. El zanguango grita:

–**¡Yo tengo que comer porque estoy creciendo!**

–**¡Y tu hermana tiene que comer porque está adelgazando!**

La falta de lógica de la respuesta me desconcierta incluso a mí, y lo pone absolutamente frenético a él. En el acto soy acusada de favoritismo; y como si nunca termináramos de crecer, todos volvemos a la primera infancia, cuando había que explicar que **"mamá los quiere a los dos..., pero ahora, mascalzone, ¡comé pan con manteca!"**

Tanto esfuerzo, huelga aclararlo, resulta siempre vano, porque cuando nuestra "anónima" vuelva a casa se lanza a controlar la heladera con ojo de lince para descubrir entre pataleos que "alguien" anduvo por la gelatina, que "alguien" se comió una feta de jamón, y que "alguien" avanzó sobre el queso, porque **a nadie le interesa mi régimen.**

Debe entenderse que **alguien** es el hermano, y **nadie** vengo a ser yo, que a esta altura de la jornada dudo entre reiterarle mi amor o ponerle un ojo en compota, pero dietética.

Se explica entonces que de cuando en cuando, para endulzar tantas penurias, yo eche mano a sus caramelitos, que como están en paquete no pueden ser contados con exactitud.

Pequeños delincuentes

Creo recordar que la primera palabra que dijeron mis hijos no fue "mamá" sino "dame". Cualquier desprevenido podría pensar que se trataba de un reclamo amoroso. Pues no, lo que pedían era, literalmente, dinero. Un artículo bastante escaso cuando una madre es periodista. Pese a esto, cuando pudieron sostenerse sobre sus patitas y adquirieron el mínimo manejo de la lengua que necesita cualquier estafador, comenzaron sus carreras delictivas.

Los inicios fueron burdos: **sencillamente sacarme plata de la billetera** para comprar figuritas, chocolates, gallinitas de azúcar y todas las porquerías que entusiasman a los infantes. Cuando esta maniobra fue descubierta y comencé a esconder la billetera, lejos de rendirse desarrollaron un fino instinto de cazadores. Ya a los cuatro y cinco añitos eran capaces de detectar escondites tan sublimes como el interior de un zapato viejo o el congelador de la heladera.

Agotada por estas búsquedas y escondites frenéticos, tiré al diablo tanta radiante pedagogía y los amenacé con sacudirles un bollo. Fue inútil: "El que con pedagogía educa, con la pedagogía muere". No me creyeron. Finalmente opté por llevar siempre el dinero en un bolsillo del vaquero, de tal modo que para acceder a él debían desmayarme de un golpe. Eso los detuvo por un tiempo, dado que hay diferencias notables entre la corrupción y el matricidio, y hasta ellos podían percibirlo. Fue sólo un tiempo, nada más, pues luego de pensarlo inventaron el **IVA familiar.** Un impuesto que ponían a cada mandado, y que iba a ingresar a sus propias arcas. Hasta que descubrí la maniobra (y confieso que fueron años) cualquier producto que pasara por sus manos llegaba a las mías con el diez por ciento de recargo.

Sus ganancias aumentaban en épocas de inflación y disminuían si había estabilidad. **Obviamente era un negocio próspero.**

A los diez años fueron los adelantados de la especulación, la bicicleta financiera y hasta, me temo, de las mesas de dinero. Llegó la adolescencia, y con ella se incrementó la avidez. Habíamos pasado de las figuritas a las pilchas y esta madre que dormía con vaqueros y hacía personalmente todas las compras se había transformado en un hueso duro de roer. Pero no hay nada imposible para dos jóvenes argentinos con vocación de corruptos. Mi hijo inventó un sistema por el cual no pagaba el colegio, con dos ventajas maravillosas: **por un lado se quedaba con el dinero y por el otro vivía en permanente feriado dado que lo mandaban de vuelta por no pagar la cuota.** Sospecho que, hasta no desbaratar la treta, su secundario fue muy deficiente.

Mi hija por su parte, más sutil y engañera, hizo una sociedad con un estudiante peruano que se ganaba la vida como electricista, por la cual ella descomponía los aparatos de la casa y cuando yo los mandaba a arreglar recibía un porcentaje de la factura. Era cosa de Mandinga, pero cuando funcionaba el televisor se me rompía la plancha y así hasta la locura. Mirando hacia atrás sólo lamento una cosa de tanta trapisonda cometida: **que mis hijos se hayan transformado finalmente en personas de bien.** Lo que traducido al argentino básico quiere decir: **De bien y para siempre pobres.**

Corrompiendo a la infancia

Tal vez sea el momento de reconocer algunas responsabilidades en el asunto. En este tema de la educación de los infantes hay puntos realmente muy oscuros, verbigracia: ¿cuáles son las "obligaciones" que ellos tienen? Si tienen derecho a la educación, ¿no tienen la "obligación" de "no" llevarse catorce materias a marzo, incluida Dibujo? Otro sí digo: si tienen derecho a comer, ¿no tendrían que, al menos, levantar su plato de la mesa y hasta, en caso de terremoto y situaciones igualmente excepcionales, llevar algún otro plato de la familia? Como éstos y otros muchos ítems más, son sumamente confusos, una comienza por pedir que hagan algo, sigue por rogar, suplicar, amenazar... y termina en la extorsión o en transacciones de una vileza sin par.

La primera claudicación es "darles su mensualidad". Supuestamente esto los hará responsables con el dinero; en el fondo queremos evitar la batalla cotidiana de los "dame" y en la práctica es la manera más expeditiva que existe para descubrir cuántos caramelos se pueden comprar por el precio de cuarenta boletos de ómnibus y veinte meriendas. Superadas las broncas y los empachos que produce el fracaso de este método, descendemos aún más: les pagamos por acciones de solidaridad comunitarias como sacar la basura, lavar el auto o pasear al Boby. Y terminamos nuestro trabajo de corrupción ¡pagándoles para que, sencillamente, hagan lo que están "obligados" a hacer! Todo este desgobierno educacional, lejos de producirles confusiones, los ilumina. Cualquier criatura de sólo diez años que ha disfrutado de esta esquizoide pedagogía, ya conoce varias buenas maneras de ganarse la vida por el solo hecho de existir. Como adulta, confieso no haber descubierto ni tan siquiera una. ¡Mis respetos!

Sindicato de padres

Si hay algo verdaderamente penoso en la tarea de ser padres, es la absoluta anarquía gremial que reina entre nosotros. Hay padres ultraconservadores, los hay ultraliberales y los hay que navegan siempre en la mitad del camino. Esta falta de organización en las cúpulas provoca el alzamiento constante de las criaturas que, como bien sabemos, han nacido para amotinados. Todo indica que se ha vuelto imperiosa la necesidad de nuestro sindicato, SPS: **Sindicato de Padres Sufrientes.**

Las vacaciones

He aquí un tema donde queda de manifiesto nuestra suicida actitud individualista. Pero hagamos historia. Las primeras vacaciones que pasamos con nuestros hijos nos parecen, cuando las evocamos, una antología del horror. No sólo hay que acarrear bebés, sino todo lo que ellos necesitan y necesitan: pertrechos como para atravesar el Sahara, las estepas siberianas y la Península de Valdéz. Pañales, cambiadores, mamaderas, una pequeña farmacia ambulante por si se queman, se enfrían, se engripan, se insolan o cualquiera de las catástrofes a las que son tan afectos los niños. Pero, por supuesto, la cuestión se agrava. Cuando aprenden a hablar, y comienzan a considerarse, arbitrariamente seres humanos, exigen el amiguito. Allí partimos con el doble de equipaje y la espantosa sensación de que a ese crío ajeno le puede ocurrir "algo" y que después deberemos explicar a los padres lo inexplicable: **no fuimos nosotros los que empujamos al niño desde la punta de la montaña sino que fue él quien se esmeró hasta conseguirlo.** Pero esto tampoco es lo peor. La hecatombe ocurre cuando entran en la adolescencia. En ese estadio, nuestros hijos tienen una sola cosa en claro: **los viejos sobramos y si algo no quieren es pasar sus vacaciones con nosotros.**

En este punto hay que reconocerles, si no razón, absoluta coherencia generacional: **todos** los adolescentes opinan lo mismo. Los padres, por el contrario, aunque pensemos igual (si puede llamarse pensar a ese profundo deseo de retorcerles el gaznate), actuamos desquiciadamente. Hay quienes los arrastran de los pelos y se aguantan treinta días de cara de culo full-time; hay otros que negocian: quince días con nosotros y los demás piedra libre. Y otros, los libérrimos, que autorizan con una sonrisa a la nena para que parta en carpa con su novio a Villa Gesell o al varón para que marche con cualquier rumbo acompañado por los delincuentes precoces de sus amigos.

La hora de volver al baile

Haciendo una vez más un raconto nostálgico, los bebitos nos volvieron la vida imposible con sus horarios. El reloj exacto que llevan incorporado a sus estómagos los hace berrear cada cuatro horas, noche y día, verano e invierno. Llega un momento de la infancia en que una está dispuesta a entregar su alma con tal de dormir una sola noche seguida. Y en verdad se consigue... justo cuando los niños comienzan la escuela y hay que levantarse para el desayuno y trasnochar secando a plancha los delantales. De cualquier modo, es un momento de paz antes de entrar en la adolescencia con... los bailes. He aquí de nuevo la incoherencia paterna. Hay colegas que insisten en llevar e ir a buscar a la nena en horario prudencial (las hijas suelen soportarlo entre los once y los doce años); otros se inclinan porque vayan con un grupo de amigas y vuelvan a una hora razonable; los terceros las despiden " hasta mañana" y mañana, según se sabe comprende desde la una de la madrugada hasta el amanecer del día siguiente. Una vez más nuestra falta de solidaridad nos empuja al abismo: quién es el guapo capaz de enfrentar a una bravía niña que alega: **Mariana puede volver al mediodía mientras vos, querés que llegue a las dos.** Se las ingenian para remarcar que "a las dos" es la hora exacta en que salen los sátiros más vandálicos y por ende, en caso de violación, agresión o muerte, los únicos responsables ya se sabe quiénes son. El planteo deja en claro que los padres liberales son en realidad los piolas, pero como una no tiene con ellos una buena relación de militante a militante, en verdad no sabe si esos permisos se los otorgan a los once, a los quince o a los veinticinco años. El desconcierto cunde, las negociaciones son dificultosas y los resultados a medias: padres desvelados, superculposos, y niñas que vuelven a la hora de las santas margaritas.

Bien saben ustedes que esta historia se repite en todo aquello que atañe a tomar decisiones, ¡así que volvamos al planteo inicial! **¡A los padres de este mundo!** Los que lo son, los que lo fueron antes, y aun en nombre de las generaciones que vendrán, escuchen mi proclama emancipadora: ya que no podemos ser sensatos ni justos ni piolas, seamos al menos unidos. Todo bajo el lema: **sólo la organización vencerá a los adolescentes**. He dicho.

Los chicos y la ropa

"Parirás a tus hijos con dolor", dice la Biblia. Pero no da mayores detalles de cómo hay que vestirlos. Es una verdadera pena: en ausencia de todo dogma los niños inventan el suyo en perjuicio nuestro. Alguien podrá explicarme por qué, si esta madre llegó a usar los camisones de la difunta tía Dora ¿sus hijos nunca se resignaron a usar la ropa de los primos?

Al principio siempre fue la dicha: **los bebés, gracias a Dios, no hablan.** Cuando nació la Negra, como la familia entera esperaba un varón, y además machazo, nadie osó perturbar la futura virilidad del primogénito con algo tan femenino como una batita rosa. Por esos azares de la genética llegó **la primogénita** y su primera posesión en este mundo fue un maravilloso ajuar de un celeste indeclinable. Por suerte, repito, los bebés no hablan, pero además deben nacer daltónicos como los gatitos, si no, la Negra, con lo encocorada que salió, hubiera chillado de indignación. Por suerte también, los ajuares no exceden el año, así que junto con sus primeros pasos inauguró su vestido de señorita y por un tiempo todo volvió a la normalidad. Cuando al año y medio se aprestaba a nacer el segundo, por cábala recolecté un ajuar rosa. Uso **recolecté** con absoluta premeditación. Parecería que familia, amigos y conciudadanos ponen su mejor y **único** empeño en el primer niñito. El segundo no concita grandes entusiasmos; es una suerte de yapa de la naturaleza, así que los regalos hay que sacárselos por la persuasión o por la fuerza. No me privé de ninguno de los dos y como quería un varón, me hice de un ajuar cabalísticamente rosadito. Así, cuando nació el Gordo, fue enfundado entre sabanitas repletas de flores rococó y muñequitas exquisitamente femeninas. El tampoco les prestó atención y no creo que su manía de vomitar la leche tres metros a la redonda fuera un signo de reproche (el tiempo dejó en claro su naturaleza pantagruélica).

Darse cuenta

Así íbamos por el mundo felices y ordenados. A su debido tiempo el pequeño fue heredando de su hermana la ropa celeste que naturalmente se entreveraba con la rosa. Pero un día... ¡crecieron!, y allí comenzó un combate que jamás encontró tregua.

Debo reconocer en favor de mis críos que fui una adelantada del reciclaje; esto traducido al plano doméstico puede entenderse más o menos así: cualquier cosa que todavía sirva "debe" ser usada, por las buenas o por las malas. Mi único límite es no recoger la basura de los vecinos, aunque sí aceptar la basura que éstos pudiesen regalarnos. Además la ropa me importa un corno. Estos dos criterios utilitarios poco tienen que ver con la estética y absolutamente nada con la opinión de mis criaturitas.

El primer entrevero se desató cuando a los tres añitos el Gordo debió marchar a la guardería. Su hermana había hecho la punta dos años antes, y de esa época me había quedado un delantal de cuadrillé rosado, una bolsita para la merienda con el nombre bordado y un par de cancanes azules maravillosamente abrigaditos. Todo este equipo, según mi utilitaria visión del tema, debían servirle al Gordo para iniciar con donosura su vida escolar.

El opinó rotundamente lo contrario. Me dispuse a negociar la bolsita con el nombre bordado, pues aunque todavía **servía** (mágica palabra para desatar la fiebre del reciclaje), mis precarios conocimientos de psicología me hacían temer confusiones de identidad. Me daba mala espina que a un varoncito le dijeran Pepa, por ejemplo... Pero un delantal rosa es exactamente igual a uno celeste... ¿o no?

—¡No! –se obstinó el Gordo, y como vi peligrar toda su educación aflojé–. ¡Tanto soñar con un hijo doctor y allí estaba al borde de tener un hijo analfabeto por culpa de un mísero delantalito rosa!

En los cancanes me mostré inamovible; mi argumento final fue: **¡Nadie puede adivinar que abajo de tu jean, tenés cancanes en lugar de soquetes!** Y allí partió el Gordo, enanito y a las puteadas a inaugurar su vida escolar.

Volvió con un ojo negro y la primera nota que recibí de una maestra: **Sra. Mamá: El niño no se adaptó bien, le rogamos pase con urgencia, etcétera.**

Me indigné. ¡El niño con un ojo en compota y me decían a

"mí" que él no se adaptaba! Cuando el querube hizo su descargo, resultó que en el aula había quedado un tendal de siete criaturas con sus respectivos hematomas propinados por "mi" criatura. Para una maestra la conclusión es clara: si había aporreado a siete y recibido sólo uno, el inadaptado era "él". Confrontado el reo con los hechos, su defensa fue escueta: **Fue por los cancanes, me dijeron puto y les pegué.** De allí en más me resigné a que no usara la ropa de su hermana. Lo que por supuesto no frenó la escalada de violencia. Toda su escolaridad estuvo signada por ojos en compota. Pero al menos no era yo la culpable. Creo.

Heredarás a tus primos

Cuando yo era chica, mi padre alegraba mis días contándome cómo, en las trincheras de la Primera Guerra Mundial, había comido ratas, y cosas de mis abuelos, muertos en el ghetto de Varsovia, que vaya a saber qué comían. Imaginar con qué se vestían me hacía llorar. Forjada en esta mitología de miseria, todo confort me pareció siempre un lujo y el mínimo desperdicio un atentado a Jehová. Lamentablemente no pude transmitir tan trágica y austera concepción a mis niños. Me salieron latinos y derrochones y sólo se hacían cargo, como guerra "propia", de las Invasiones Inglesas. Para colmo confundían las fechas y los próceres: las concebían como "algo que ocurrió hace mucho tiempo, donde tirábamos aceite a los malos, que huían en un caballo marca Hereford". Dejando de lado el detalle del caballo, a un pueblo que se defendía tirando aceite ni siquiera yo puedo imaginarlo comiendo ratas. Quizás entonces, por culpa de las Invasiones Inglesas, los chicos se resistían a ponerse la ropa que heredaban de los primos. Sin embargo como las hermanas vivíamos lejos (y las dos adheríamos al reciclaje), inventábamos mil triquiñuelas para que el proceso funcionara. Mi hermana mandaba encomiendas donde, mintiendo sin rubores, juraba: **Los compré para los chicos...** y seguía detalle de camisetas, pulóveres y todo aquello que le había quedado estrecho a su tribu. Los míos examinaban la ropa, la olían y generalmente terminaban por descubrir una huella del uso. No sólo que su tía cosechó fama de embustera sino hasta viles calificativos como **además, tiene un gusto de mierda.** Como agravante, si alguna vez triunfábamos en la trampa, en cuanto los pequeños se juntaban, con esa natural bondad que adorna a las criaturas, el "heredante" comenzaba a gritar: **¡¡¡Esa campera que tenés puesta era mía, pero como me quedaba chica mamá la tiró!!!** No sé qué consumista prejuicio impidió a mis criaturas aceptar esas pilchas. Ellos juraban que se sentían tachos de basura. Sigo opinando que es una forma sumamente parcial y tendenciosa de abordar el tema.

Adolescente paquete

Llegó la adolescencia, época donde todo se agrava: el acné, los portazos, las hormonas, los amores... y la paquetería.

Curiosamente el Gordo salió con fantasías de gran burgués. Es difícil, imagino, sentirse un gran burgués si se vive en el límite del Barrio Clínicas, y debe complicar las cosas el tener un abuelo que comía ratas y una mamá que lo recuerda cada vez que es oportuno (aunque si es inoportuno, mejor). Tampoco habíamos visto un gran burgués en nuestras vidas, pero la imaginería del barrio había elaborado un fantasioso prototipo: el concheto. Y su oprobioso opuesto: el quemo.

El uniforme de gala, apto para matar de amor a primera vista en el boliche, constaba de: zapatillas, medias, remera, vaqueros y un pulóver para atarse al cuello.

Así suena fácil. Pero la pequeña bestia, inflamado de pasión concheta, no sólo quería zapatillas nuevas si no... **¡las quería de marca!** y ésas, siempre cuestan el doble al divino botón. Según su apocalíptico relato, en un boliche las chicas comenzaban por ignorarlo y terminaban por escupirlo. No me dejé impresionar. Furias terribles sacudían la casa al grito de: **¡Me voy!, ¡Te echo!, ¡Te mato!, ¡Me muero!** o **¡No me tirés más con la zapatilla que un día me vas a acertar!**

No fue a causa de una voluntad ejemplar, fue una cuestión de presupuesto, pero jamás cedí a las marcas. Mi hijo, aunque nunca se dio por vencido, organizó su vida social adolescente con la solidaridad de sus amigos. Cada sábado, antes del boliche, alguien le acercaba "la pilcha" matadora. Una década después aún me lo reprocha.

El hijo de los cuarenta

Para muchas mujeres llegar a los 40 es crucial; desgarradas entre la menopausia incierta y el aburrimiento cierto, entre aprender computación o divorciarse, a veces optan por tener un hijo. La elección es agotadora, pero pareciera que gratificante. Lo que ocurre con "ellas" será tema de otra historia; valga por hoy detenerse en "él", el demoledor hijo de los cuarenta. Veámoslo accionar en una visita aciaga. Fue un domingo, día por excelencia dedicado al apoliyo, cuando a las diez de la mañana alguien me levantó las frazadas, me sometió a un prolijo análisis y luego con candorosa voz de cuatro añitos preguntó: "¿Esto es una abuela?". ¡Que te tiró de las patas!

La madre que los parió

Les aseguro que se trata de una buena amiga, pero no existen las amigas perfectas, y ésta, en el rubro de las imperfecciones, luce seis hijos en su solapa. Venía de visita con el menor, el hijo de los cuarenta. Y si considero que todo niño es peligroso por definición y esencia, éstos suelen ser la ruina total.

Las escasas ínfulas pedagógicas que alguna vez supo tener su madre habían desaparecido totalmente frente a este animalito del Señor. Su extrema veteranía en el tema la había llevado a un desinterés absoluto por el crío, adobado con arrebatos de idolatría inexplicables y una perversa tendencia a reírse cuando la ocasión sugería exactamente lo contrario. **He aquí a la típica madre cuarentona mezcla de abuela prematura con ovulación tardía.**

No contribuía a la mejor hechura del diminuto vándalo la influencia evidente de hermanos mayores que, como también es folklore, suelen deslizarse desde una pedagogía espartana a los extremos vicios del hedonismo. Entre ellos siempre hay uno a quien se le da por enseñarle a saludar cual un cortesano del siglo XV, mientras otro le inculca que lo mejor que se puede hacer con una anciana es pasarla a cuchillo. Un tercero le enseña los rudimentos del karate mientras las hermanas mujeres, en los momentos en que no quieren desnucarlo, lo vuelven un presumido total alabándole las pestañas y festejándole sus moñerías más ruines.

En fin, ese era el cuadro de situación, así que comprendí que nada bueno podría esperar de la madre y cualquier hecatombe podría devenir del niño.

Reconocimiento de campo

El monstruito tomó posesión de la casa dándose a una devastadora inspección. De una de las piezas salió corriendo el gato y de otra asomó mi hijo con ojos desorbitados; declaró irse al club, pero estaba tan alterado que casi saltó por la ventana.

Mi tierno concubino se encerró en la cocina, echó candado y desde adentro comunicó –dándose aires de marido ejemplar– que él se haría cargo de la comida. Mi hija, muy por el contrario decidió darnos una lección de cómo se trata a una criatura. La pobre, en su inexperiencia, aún cree que los niños son como seres humanos. Al rato la bestia había destruido esta tierna convicción saliendo del baño revoleando un calzón sucio y preguntando con cara de otario: "¿Qué es esto?". Con igual celo logró penetrar en el bunker de la cocina e inspeccionó la heladera. Sentada en el comedor, y mientras la madre me hablaba necedades, alcancé a escuchar el siguiente diálogo en la cocina:

–No tenés manteca... no tenés dulce... no tenés nada rico.
–Acá somos todos grandes.
–¿A los grandes no les gustan las cosas ricas?
–No. Los grandes tomamos lavandina y comemos jabón –la respuesta sonaba malévola.

Desapareció y volvió a los cinco minutos con la boca llena de espuma y un jabón a medio masticar en su mano.

–¿Esto te gusta, abuelo?

Mi hija, entre reproches, aconsejó un lavaje de estómago. Yo corrí a esconder la lavandina. La madre sonreía dulcemente: el niño al parecer había comido cosas infinitamente más peligrosas que ésas y sin embargo lo teníamos ahí vivito y coleando.

"Deja ya de joder con la pelota"

¡Ay, si sólo hubiese habido una pelota!... o algo más inofensivo... como dos leones hambrientos, pero sólo había quedado nuestro paupérrimo gato (de naturaleza cobarde como pocos) y refugiado adentro de la licuadora. De este modo el niñito debió entretenerse con lo que tuviera a mano. Obedeciendo a sus inefables instintos destructivos se precipitó sobre mi máquina de escribir. En tres segundos desprendió la letra O, que se perdió para siempre (espero que en su estómago) y embarulló la cinta en un descomunal ovillo que me llevó dos días desatar.

El monstruo, pese a todo, tenía un almita sutil: comprendió que la patada que le tiré era de desaprobación. Dejó la máquina y armó un juego muy parecido a la ruleta rusa en su versión latina: primero dio vuelta un papelero en el medio del living, descargando allí mismo un montón de mugre, mezcla de puchos con gacetillas viejas. Luego se lo probó en la cabeza y, habiendo comprobado que el tacho era absolutamente opaco (la mugre quedó en el piso, por supuesto), buscó sobre la mesa el instrumento más cortante. Con el rigor de un cirujano descartó los cuchillos y optó finalmente por un sacacorchos de punta afiladísima. Se metió otra vez dentro del papelero y al grito de: "¡Heeee Man!" corrió por el departamento. Deduje que cada vez que se caía de panza sobre el sacacorchos si no se perforaba el intestino se anotaba un punto a su favor.

La madre contemplaba el juego con una sonrisa de éxtasis. Mi hija intentaba atajarlo por toda la casa. Mi marido huyó –esta vez rumbo al dormitorio– y yo arteramente apostaba a las bondades del sacacorchos.

Comer con un angelote

La hora de comer con un niñito de éstos merece un aparte.

Tratándose de un domingo se imponían los tallarines... Para sentar al enano hubo que amontonar dos almohadones, que de inmediato di por perdidos. En tanto, la madre comenzó la tarea de picarle los fideos, hacerle un puré con la carne y completar todo el operativo requerido para alimentar a una criatura.

Digo yo: si no saben comer solos, ¿por qué no dejar que opere la selección natural de la especie?

La criatura desbarató mis filicidas intenciones: en un espectáculo repugnante, revisó cada fideo cual si fueran lombrices venenosas, los introdujo de a uno entre sus dientitos de conejo, ¡les chupó el queso! y los volvió a dejar. Terminado el operativo, con su propio plato se abalanzó sobre los de los demás con distinta fortuna.

El dueño de casa estaba tan impresionado que se los cedió por asco.

Mi hija seguía aún con el dulce "madre look" así que se los dio con una sonrisa.

La madre estaba tan distraída que ni notó que la bestezuela le baboseaba el plato.

Yo cacé un tenedor, se lo apunté a un ojo y mi mirada debe haberle resultado más que elocuente, así que pude seguir comiendo.

Finalizado el episodio, que dejó sin hambre a las almas más impresionables, se dedicó al queso rallado: con una mano se lo comía a puñados mientras con la otra se lo refregaba por el pelo. Por supuesto, los almohadones, el piso y sus alrededores quedaron hechos una cochambre infame. Con absoluto desprecio rechazó el postre, abjuró del café y luego de limpiarse la cara y el pelo con **todas las servilletas y la cortina** decretó por terminado el almuerzo.

Despedida

Cerca de las seis de la tarde, la visita llegó a su fin. El departamento había quedado como si hubiese vivaqueado todo el ejército de los gauchos de Güemes y librado batalla con los gauchos de Atila (o lo que fuere que comandaba Atila). Todos teníamos los nervios hechos polvo. El gato quedó con terrores nocturnos. Y hasta hoy sigo masticando preguntas sin respuesta: ¿todos los hijos de los cuarenta vienen así?, ¿vale la pena que la especie se perpetúe de este modo? ¿Qué había hecho de malo ese buen señor llamado Herodes?

Pero, más allá de esta pequeña anécdota, aunque desconozco cabalmente las gratificaciones del hijo de los 40, conozco el resultado que produce en las madres. El más notable es que, cuando una mujer con sus hijos medianamente criados se embarca en esta historia, a los seis años comenzará de nuevo por dibujar palotes y años después cuando, una vez más "ingrese" al secundario, se encontrarán, ya pasados los 50 años estudiando junto con él, los misterios de las dicotiledóneas. Y, que yo sepa, la germinación del poroto no es el tipo de conocimiento que embellezca o dé plenitud a esa etapa de la vida.

Cuando los hijos se van de casa

En nuestras épocas, los hijos varones dejaban el hogar para casarse. O para irse a estudiar a otro lado en caso de inconvenientes geográficos. Las hijas lo hacíamos sólo para casarnos. Algunas, joyas de una diadema materna, no se iban jamás. Hoy las criaturas abandonan el barco en cuanto pueden, y parten hacia destinos innobles: los muy guachitos simplemente quieren vivir solos.

Cuando una trata de revisar por qué un hijo está por propinarnos esa puñalada trapera mira con cierto rigor hacia atrás y allí nos vemos... los llevamos en la panza, les dimos la teta, les cambiamos los pañales, les cuidamos las anginas, planchamos sus delantales, controlamos sus deberes, les hicimos de comer y pusimos todo nuestro empeño en que se abrigaran, estudiaran, no tuvieran malas compañías, no fumaran marihuana ni contrajeran enfermedades demasiado infectocontagiosas. No sólo hemos hecho todo eso, además, para que abundaran en su amor por una: **se lo recordamos cinco veces por día** y, frente a una crisis, unas ochocientas veces más... ¿por qué se querrán ir los desalmaditos?

El día que te lo avisan

Ocurre en cualquier maldito momento. Ni siquiera durante una pelea donde se lo podría poner a cuenta de un exabrupto. En las familias latinas en las que nos enrolamos, una pelea da para cualquier cosa, comenzando por la madre que grita: "¡¡¡Te voy a matar!!!". Cuando en realidad todos saben que tengo dilemas de conciencia para aplastar un alacrán que nade en mi sopa. Ese era el momento justo para decirlo. Muy por el contrario, estos sádicos de corazón de piedra explican con toda claridad en una sobremesa cualquiera, que tienen pensado irse en cuanto puedan porque quieren ser "independientes". Así fue como a mí me lo dijeron. Supongo que hubo después más argumentos, pero no los pude retener porque estaba atravesando el único infarto de ojos abiertos y expresión inmutable que registre la historia de la medicina.

Fue producto de dos fuerzas opuestas: querer retorcerle el gaznate y procurar parecer piola. Me incliné por la "piolitud". (Tanta lectura sobre la adolescencia siempre nos lleva a la ruina.) Con expresión de madre absolutamente liberada me limité a mentir: "Me parece muy bien, sólo que para ser independiente hay que poder mantenerse solo. Cuando lo consigas, por mí no hay problemas". La prueba más rotunda de la inexistencia de la justicia divina fue que el cielo no se abrió y ningún rayo me redujo a cenizas por semejante hipocresía. Cabe aclarar que quien me hacía el planteo era mi hija mujer de veinte años, quien trabajaba conmigo en la radio. Mientras le sacudía mi "comprensión" me juraba que en su puta vida, si de mí dependía –y precisamente dependía de mí– iba a poder "mantenerse sola". De allí en más me convertí en el patrón más sátrapa del mundo. No sólo que jamás le aumenté un peso, sino que en cuanto podía le bajaba el sueldo. Pese a mis escrupulosas maniobras, tal vez pidiendo en las esquinas llegó el momento en que había juntado el dinero. ¡Lloremos hermanos!

Y ahora qué digo

Tal vez la sutil manera que Dios encontró para manifestarme su contrariedad fue el enfrentarme con mi propia mentira: finalmente la nena ya tenía cómo irse... En verdad, había pocas puertas de escape, así que me jugué.

–No sé quién te va a firmar la garantía para un departamento –apunté con esa voz que surge directamente de la hiel y dejaba en claro que antes se me caían los cinco dedos de la mano que hacerlo yo.

–No te preocupes –me la firma Jorge.

¡Jorge, mi amigo del alma, cómplice de ese matricidio que estaba por cometer mi hija! Pero (y he aquí el nudo de la cuestión) ni Jorge ni nadie sabía que esta madre arrastraba el corazón por el piso y que a esta altura ya lo tenía arrugado, con pelusas y partido en varios pedazos dispersos por la casa. Es que los amigos del alma tienden a pensar que una es piola y coherente. Entonces no les decimos nada para que no descubran lo mal bicho que es una. Pero hay dilemas peores que el de los amigos:

los demás. ¿Qué van a pensar si la nena se va de casa? En primer lugar que se iba con un tipo. Lamentablemente mi hija partía sólo con su gato y esto resultaba infinitamente peor, dado que la única explicación posible era que huía porque la vieja era una pesadilla. Y en eso tienen razón pero a una no le gusta que se den cuenta ¡qué joder!

Premeditadamente no estuve en el momento en que se fue. Ya lo dijo Woody Allen: no es que le tema a la muerte, sólo que no me gustaría estar allí cuando ocurra.

Madre que huye, madre que pierde

Fue elegante de mi parte no presenciar la partida de mi hija. Seguro que lloraba abrazada al felpudo o me internaba en la terapia intensiva que tuviera más cerca. Sin embargo, lo elegante en esos casos está peleado con lo práctico. Fue doloroso comprobar en los días subsiguientes que mi nena había aprovechado mi ausencia llevándose todo lo que pudo acarrear: toallas, sábanas, cacerolas, cubiertos, licuadora, platos, pincita de depilar, champú, sal, fideos, aceite. Lo único que no llevó fue mi cama matrimonial, porque supongo que con su gato no le servía de gran cosa.

Quizá lo más indignante de esta etapa fue que mientras ella se quedó con **mis** llaves, tuve que esperar una invitación oficial para entrar a **su casa**. Cual los gatos, demarcó su territorio y con la misma generosidad que éstos decidió que todo lo mío era de ella y todo lo de ella ídem (típico razonamiento de cualquier hijo en cualquier instancia). Además me dejó todas sus basuras, que para mí son recuerdos. En alguna noche de nostalgia todavía abrazo su muñeca bizca y pelada mientras mi marido clama pidiendo el divorcio. Tiene razón.

Típicas de una madre

Los hijos se van porque:
–No tienen corazón.
–El rock y sus derivados les han comido el seso.
–Las malas compañías les llenan la cabeza.
–No saben apreciar lo que tienen.
–Quieren dedicarse a orgías devastadoras.
–Sus analistas conspiran contra nosotras.
Seguro que:
–Van a extrañar.
–Estarán sucios.
–Nadie los atenderá si se enferman.
–La casa será una inmundicia.

–La heladera será más ponzoñosa que Chernobyl.
–Se alimentarán de latas y porquerías.
–Se van a enfriar.
–Morirán de hambre.
–No podrán pagar el departamento.
–Quedarán embarazadas a los cinco minutos (caso mujeres).
–Se harán faloperos de inmediato (caso varones).
–Nos pedirán guita a cada rato (y ésta, lo juro, es cierto).

Decir adiós

Lo más paradojal del episodio ocurrió cuando por fin terminé de padecer convulsiones y toda la familia (restante) se animó a creer que sobreviviría al golpe. Pues bien, fue entonces, en ese momento de rélax en que se descubren las ventajas de un mínimo espacio vital que hemos ganado, cuando la impía reapareció. Y todo volvió a lo de antes, o peor, porque de ahí en más mi hija retomó su actividad de rutina con agravantes. Sistemáticamente se sentaba a almorzar con cara de huérfana biafrana, ocupaba el baño para lavarse la cabeza y dejaba a los demás haciéndose pis en el pasillo, se acomodaba en el primer lugar para ver televisión y hasta se acostaba en nuestra cama para leer. Por fin se hizo inevitable preguntar: "¿Pero vos no te habías ido?". La respuesta bien pueden imaginarla. Con cinco años de diván no alcanzaré a reponerme.

Mis hijos vienen de visita

Tiempo, distancia y vida me han separado ya de mis hijos. Eso hace que muera de nostalgia cuando no nos vemos, y agonice de cansancio cuando me vienen a visitar. Ni los Rolling Stones ni las siete tribus de Jerusalem podrían desquiciar de tal modo un departamento de dos ambientes.

Estoy segura de que no hay nada improvisado en sus maldades: lo planean mientras no nos vemos y me lo descerrajan en cuanto entran hasta que grito: **¡Paren, que ésta es mi casa!** Entonces se ofenden y, por supuesto... no se van.

La niña de mis orzuelos

Hay algo profundamente gratificante en tener una hija. Por ejemplo, que no me traiga botines o camisetas de rugby para lavar. Es también más modosa, o al menos hace pis sentada, lo que ya es un alivio.

Y allí se terminan sus ventajas, porque aunque cada uno de mis hijos mantenga su estilo, ambos, como todos los cordobeses, tienen ideas extrañas sobre Buenos Aires, por ejemplo, que aquí se concentra lo "último" y pasa (a nivel de espectáculo) "lo mejor". Visto desde el interior parece razonable, pero cualquiera de los que aquí vivimos podemos dar fe de que nunca tenemos aliento para ir a ver "lo último" ni plata para presenciar "lo mejor". Sin embargo, cuando llega la luz de mis ojos, trae un itinerario como para reventar siete postas de diligencia. La vida se vuelve un loco trajinar entre museos, teatros y las novedades de la ciudad que una ha decidido ir a ver "cuando pueda" (término muy cercano al "nunca"). Generalmente tiende a rematar los festejos en casa (mi casa) invitando amigos. Y yo me duermo en el baño, único lugar que me han dejado libre.

El saqueo

Cuando mi angelito se toma un respiro comienza la parte más dolorosa de su estadía: una prolija requisa de la casa para ver "qué te sobra", es decir, "qué se lleva". Huelga aclarar que no sobra nada, pero: "¿Esta camisa hace mucho que no la usás?". Sí, desde ayer. "¿Entonces me la puedo llevar?" Diciendo y haciendo, ya se ha puesto la pilcha, se ha admirado frente al espejo y hay que tener un corazón más espantoso que el mío para poder sacársela. Como la niña es pobre de limosneo, luego de la pilcha, avanzará una vez más sobre las sábanas, las toallas, las servilletas y las provisiones. Aunque parezca una exageración (que ella jamás podrá desmentir) cierta vez se llevó ¡hasta la tapa de la pava! Nunca supe para qué. Tal vez junta latas y las vende por peso a los cirujas. Pero quizá lo que más siento, amén de su ausencia cuando se va, es descubrir que no tengo champú (justo cuando me estoy duchando), o que se afanó mi delineador o mi último par de medias sin corridas. Por supuesto que en el momento del adiós debo darle plata, nunca estoy segura si es un regalo o si le estoy pagando para que, por fin, se vaya.

Mi nene me ama

Y por eso viene a visitarnos cada tres meses... **si hay algún concierto de jazz que le interese o si está de paso para otro lado.** Tanto me ama que durante todo el tiempo que no nos vemos junta su ropa sucia para que se la lave. Al llegar no termino de entender si es una visita o una excursión de higiene. Pero no importa, porque por fin está en su casa.

Vayamos a un diálogo típico de sus gloriosas estadías:

–Querido, ¿qué tal si te tendés la cama?

–¿Para qué si no esperan a nadie?

–Nosotros somos "alguien" y me molesta tropezarme todo el día con almohadas y sábanas.

–¿Y desde cuándo ustedes son "alguien"?

–Desde el momento, ternura, en que estás en "mi" casa.

No suena demasiado tierno, pero es una transcripción casi taquigráfica. El aire se enrarece y la criatura, sin ánimo de colaborar en nada sino todo lo contrario, saca del videoclub quince películas pornográficas calcinando mi reputación en el barrio para siempre.

No soy adicta a esas películas sin argumento, pero no tengo problemas en que los demás las miren.

Ahora bien, si "los demás" es mi hijo, que encima las mira en el living donde necesariamente escucho los jadeos cada vez que paso, me vuelve loca.

–¿Y para qué pasás? –objeta la bestia lujuriosa.

–**Porque no está en mis planes internarme un sábado en el placard y no hay más lugar en el departamento** –el aire ya se corta. Llega la hora de comer y el niño es puesto en autos de que todos estamos a régimen.

–**Yo no, porque estoy creciendo** –patalea.

–¡A vos lo único que te siguen creciendo son las...! –continúa grosería impublicable.

Con toda claridad hemos arruinado la situación al punto de que, madre al fin, y procurando una reconciliación me comprometo a hacerle mi celebérrima salsa de hongos. Esa tarea me insume toda la tarde del sábado que no pasaré en el placard pero sí en la cocina. Todo parece ir bien hasta que en el momento de cenar lo habla un amigo y se va con él y yo quedo con mi salsa de hongos sumida en algunas certezas y estrenando dudas. Es obvio, amores míos que mi casa ya no es vuestra casa. Pero, ¿por qué será que cada día los extraño más? Masoquismo, que le dicen.

¡Soy abuelastra!

Como la palabra "abuelastra" suena a la mala de Blancanieves, vale explicar su origen. Si mi segundo marido tiene una hija, el joven es mi yernastro. Y si ambos tienen un bebé, pues entonces soy abuelastra. Acierta quien piense en una mera treta lingüística para evitar el tema de que me han hecho abuela. Sin embargo, una vez conocida, alzada y mimada, la causante de mi nuevo estado me hizo descubrir que no me alcanza con ser abuelastra. ¡Yo quiero ser abuela!

Vera –así se llaman esos cuatro kilos de enterito rosa y ojitos color gato– comenzó a ser parte de nuestras charlas hace ya dos veranos, en la orilla del mar. Su mamá y yo hablábamos de ella mientras esquivábamos pelotazos y éramos pisadas por cuanto gordo andaba dando vueltas (Mar del Plata, bah). Dejo constancia de que que con la parte más inclaudicable de idishe mame, yo cinchaba para que viniera al mundo, mientras su madre, más sensata, especulaba si ya era tiempo, meditaba sobre la situación económica y otra serie de inteligentes razonamientos, para los que soy negada cuando de bebés se trata.

Finalmente, cuando se anunció el embarazo, fue una fiesta. Corina, tal el nombre de la mamá, diose a engordar bajo mi mirada complaciente y, siendo además petisa, alcanzó en poco tiempo el perfecto tamaño de una pelota. Por supuesto que lo hizo a contramano de toda la medicina moderna, que ha desdeñado el poder de los antojos y el hambre terrible de las embarazadas (la medicina moderna, como se sabe, está mayoritariamente regida por los varones). Y fue en nombre de la ciencia que, en vez de acertarle el sexo por el infalible método de la cuchara o el aún más exacto del anillo, me trajeron una foto del bebé donde se veía "clarito" que hasta iba a ser Vera y no Iván. Tuve que decir "qué preciosa" aunque sólo divisaba un borrón, y hasta tuve miedo que saliera parecida a un manchón de tinta. Por suerte, la ciencia es tan inexacta como presumía: lo de la foto es puro cuento. La nena no nació a rayitas blancas y negras, aunque debo reconocer que el sexo se lo acertaron (bah, yo también lo hago con la cuchara).

Llegó el gran día

Siendo el 4 de setiembre en todos los almanaques y la una en todos los relojes, se hizo presente en este mundo mi nietastra, quien al parecer, se había acomodado con una mano detrás de la nuca.

Augurio indiscutible de que esta niña será vaguísima, aunque haya otras doctas explicaciones mejores.

El parto fue normal, esto quiere decir que cuando fuimos a verlas, la madre parecía recién aplastada por un camión.

Vera, colorada como una ciruela pigmea y con cincuenta centímetros de patitas flacas, era idéntica a Olivia, la novia de Popeye.

Pude ver que ahora, vaya a saber si por la evolución de la ciencia o la crisis imperante, en cuanto nacen los críos los ponen con la madre y de allí en más, salvo caso de urgencias médicas, todo corre por cuenta de sus progenitores. Era de ver la cara de Charli, su papá, contemplando un pañal con el mismo desconcierto que un colla en un festival de los Sex Pistols.

Por lo demás el epicentro de la acción parecía concentrado en la teta, a la cual Vera se negaba terminantemente a prenderse. Mirándolo estrictamente desde su posición, sus razones tenía. Entre esa mole inmensa y trabajosa y una cómoda mamadera, era de insensatos ponerse en el esfuerzo. Máxime que, como está dicho, Vera nació en posición epicúrea. Las dejé en tan confusa batalla, no sin antes observar a sus abuelos legítimos navegando en un mar de babas, mientras trataban de descifrar de quién era la nariz, a qué familia pertenecía la oreja y de qué rama genealógica provenía la incierta pelusita de la cabeza. Su abuelo materno, que viene a ser mi marido, luego de haber predicado toda la vida sobre la indiferencia que le producen los bebés, bizqueaba mientras suspiraba: "¡Es tan bonita!".

Me pareció que Vera me miraba por encima de la teta, pasándome un mensaje: "Ya será nuestro tiempo". Besé a todos y me retiré.

Meciendo las dudas

Esperé unos días a que la beba retornara a su casa y todo se acomodara al nuevo trajín. "Mi" abuelo, ya fuera de todo control, prácticamente se instaló en lo de su nieta entregándose al placer de contemplarla, hasta que fue desalojado por la fuerza. Puedo imaginar la clase de incordio que es un varón, por más padre o abuelo que sea, a la hora de lidiar con los pañales, tetas y demás accesorios. En fin, que se retiró bajo protesta y comenzó una búsqueda febril de un baby-sit, una mochila y otros chirimbolos que necesitaba Vera.

Mientras tanto púseme a meditar en esta nueva condición en que la vida me había puesto: ¿Ser abuelastra arruinaría mi sex-apeal para siempre? ¿Cómo sería eso de dormir con un abuelo?

¿Cuál sería el papel de una abuelastra? ¿Debería inculcarle los "sanos principios", justamente yo, que no creo en esas pavadas?

¿Debería ceñirme a la hora de los cuentos, a la ortodoxia de los hermanos Grimm, o podría, como hice con mis hijos, leerle **Cien años de soledad** cuando todavía gateaban?

En fin, que ante tantas dudas, dejé que el baby-sit lo comprara el nono y yo le regalé la colección de cuentitos "para cuando Vera tenga cinco años". Es cierto, no se pueden comer, no se pueden usar, no sirven de inmediato, pero cuando por fin pueda tenerlos en sus manos, celebrará, sin saberlo, el rito más milenario y enriquecedor de un ser humano: la imaginación.

Estaba quedando en claro, quería ser su abuela.

De visita y papeloneando

Una vez instalada en la "abuelitud", descubrí que puede resultar más letal que ser madre (para los otros, no para una que engorda en las tropelías sin el más mínimo rubor). Por lo pronto dictaminé que la nariz era de "mi" abuelo, descalificando cualquiera más prestigiosa. Luego corrí a alzarla cuando lanzó un crujidito de gato. Su mamá deslizó que ella no lo hacía para no malcriarla. Mientras la acunaba puntualicé: "Vos no lo harás, pero a las nenas hay que alzarlas". Un poco intimidada alcanzó a explicarme que tampoco usaba chupete porque lo escupía. Siempre con mi voz de propietaria, le aclaré que a "ella" se los escupiría, "pero vas a ver cómo a mí no". La visita, que se iba perfilando como una maniobra de apropiamiento, culminó cuando Corina me contó que el pediatra de una amiga desaconsejaba la vacuna BCG como muy antigua. Puse el grito en el cielo: a los niñitos cuanto más se los vacuna mejor, y por supuesto, "a tiempo". Quedó en claro que Vera se enfermaría de inmediato de la peste negra si su madre no me hacía caso.

Mientras cometía todos esos despropósitos, Vera dormía sobre mi corazón entusiasmada con el chupete y aferrándose a un rulo. Era evidente que nos entendíamos. La madre era la desubicada. En puntas de pie la dejé en la cuna, abrigándola un poquito más todavía.

¡Qué cosa la abuelitud, que nos da un regalo que cayó en otros brazos!

No hay nada, salvo todo, que explique por qué esa beba no es nuestra, justo cuando ya estamos óptimas para tenerla: serenas, plenas y sabias. Sobre todo eso, insoportablemente sabias. ¡Y es de linda! ¡Tan linda, pero tan linda !

Hola Vera

Bienvenida seas, bienvenida.
Te haremos un lugar entre nosotros.
Un lugar donde tengas
cumpleaños con velitas.
Navidades con olor a pino
y ding dong de campanas.
Un vestido con osos y volados.
Un circo con ecuyere de plata.
Otoños de naranjas y mandarinas.
Veranos con mil ríos que pasan.
Inviernos con lápices y tortas.
Primaveras de frutillas claras.
Bienvenida seas, bienvenida.
Te deseamos el beso, la esperanza,
el camino, el cansancio y el reposo,
la pintura, la música y los libros,
los amigos, la luna en madrugada,
el amor que duele y el que brilla,
alguna despedida, mil encuentros.
Bienvenida seas, bienvenida.
Con dos manitas para tener el mundo,
y esa voz pequeñita que no calla,
y tantas manos aquí para tenerte
y dejarte partir cuando te vayas.

Al que el diablo no le da hijos no lo salva de sobrinos

Erase el momento en que luego de haber criado a dos bravíos hijos adolescentes pensábamos, con mi marido, el "¡al fin solos!". Nos sentíamos aliviados y contentos, aunque mi parte indeclinablemente masoquista extrañaba esa estremecedora sensación de vivir en zona de alto riesgo. Pues bien, ésta era la situación, cuando de Madryn ¡aterrizó mi sobrino!

Apareció un buen día sin ningún aviso (los adolescentes desconocen esa palabra) con una mochila negra que indicaba a las claras que estaba de paso. Obviamente mis reflejos se habían entumecido; un joven con una mochila puede significar cualquier cosa: que se está mudando a Australia, que va en viaje a la facultad, que salió a dar una vuelta o que ha decidido quedarse para siempre. Esto último era el caso.

Debí haberme percatado cuando, de motu propio, el joven en cuestión se ofreció ¡a limpiar la bañadera! Obnubilada atiné a pensar: ¡Qué maravilla, a mi propio hijo no se le hubiera ocurrido tal gentileza! ¿Cómo pude olvidar que los adolescentes no son gentiles, que –peor aún– jamás hacen nada por nada y, en general, optan directamente por no hacer nada?

Claro estaba que, en el caso de la bañadera, lejos de moverlo una tierna preocupación por mi lumbago, lo guiaba su férrea determinación de quedarse. En síntesis, ¡se quedó!

Tiemble la heladera

Hay objetos de un hogar frente a los cuales los adolescentes sucumben: a) heladeras; b) juegos electrónicos y c) equipo de música. Ante las primeras tienen la conducta de una termita hambrienta frente a un bosque de arrayanes. Los guía un solo lema: arrasemos sigilosamente. Es así que un domingo por la mañana, cuando una va a buscar la pila de milanesas que había preparado en procura de un domingo sin cocina, encontramos un plato con tristes miguitas de pan rallado y todos terminamos comiendo empanadas. (En esos casos yo me tiro a la retranca y graciosamente informo que ese domingo no cocino ni bajo tortura.)

Saquemos aquí la primera conclusión sobre el arte de ser tía. Si de un hijo se tratara, una compra la pizza igual pero no se priva de mandarlo al carajo. Se diría que con un sobrino somos más tiernas, pero... después de todo, él nos limpió la bañadera. En cuanto a la relación sobrino-tía, también hay variantes. Nuestro vástago, que con igual entusiasmo se comía todas las milanesas, al menos ponía al día siguiente cierta cara de compungido, como si la cuestión le importara dos rábanos (cosa que, por supuesto, era mentira).

Un sobrino se siente eximido de tales hipocresías, se levanta con una sonrisa floreciente, y hasta se ofrece a comprar las empanadas, inmune a la mufa de la patrona.

Oíd el ruido

Los sobrinos, o al menos este sobrino nuestro, tuvo una silente manera de ganar posiciones. Adjetivo algo contradictorio, pues voy a referirme precisamente al ruido que esta nueva generación caratula como música. No aceptaré la discusión de si mis orejas están tapadas por dos buzones. Aún queda una pregunta sin respuesta: suponiendo que "eso es música", ¿por qué hay que escucharla a un volumen que hace estremecer la emplomadura de las caries? Por supuesto que sin ningún tipo de piedad han entrado otra vez en la casa los "Living Colour", acompañados de "dale, escuchalos un ratito, son bárbaros". Y tal vez si las vibraciones no me golpearan en el estómago cual una mula con epilepsia me pondría a escucharlos. Por el momento, me refugio en el dormitorio mientras él disfruta de su posición recientemente ganada. Valga aclarar que este sobrino viene con agravantes: una guitarra con la que aparece de vez en cuando y torna la situación insostenible porque además, ¡compone! Soy enemiga de desalentar vocaciones en flor, pero luego de escuchar cinco mil cuatrocientas veces "Canción a mi padre", pieza fuerte de su repertorio, me puse muy, pero muy malévola y le dije mi opinión. Siempre quedándose con la última palabra adujo que con la guitarra "mataba" con las chicas. En fin, si la música se ha vuelto un instrumento de levante, que Beethoven nos perdone a todos. En particular, a él.

Suena el teléfono

Distintas voces femeninas con reminiscencias gatunas indagan en mi oreja: "¿Está Pablo?".

En ese tema me ha sido útil mi experiencia de madre: hay una etapa en la vida de esos animalitos en la que cualquier dama que pese más de veinte kilos y tenga menos de sesenta años, es considerada pieza para asar (después se les pasa; deben ser las hormonas).

Es inútil, por ende, memorizar nombres, porque indefectiblemente le diremos Mariela a Luciana y Luciana a Paula. La primera regla es entonces llamarlas "querida" a todas y esperar que algún día traiga la definitiva.

La segunda regla es no encariñarse con ninguna, pues cuando les aprendimos el nombre, les preguntamos sobre su familia y comenzamos a quererlas, a la semana siguiente renueva el stock y una se queda heredando una novia que ya "fue".

La tercera regla es no indicar el paradero verdadero del galán, así esté tirado en su pieza, para no confundir su intrincado calendario amoroso. Sé también que es decididamente inútil verter nuestras sanas opiniones sobre la promiscuidad, o pavadas tales como la valoración del amor. Con toda humildad, ahora que soy una madre pasada por todos los fuegos, me limito a decir como tía: cuidate del SIDA, y amén.

El baño y cómo lograrlo

Si bien un joven considera a toda la casa como su absoluto territorio y lo que ella contiene útil para su uso exclusivo, hay zonas que adoran de forma particular. Una de ellas es el baño.

Lo crítico de esta situación es que una puede resignarse a prestar la cama o hacerse la distraída cuando lo huele fragante, bañado en el perfume de su tío, pero es verdaderamente difícil prescindir del baño. Difícil de entender también, por qué esa zona se considera un lugar privilegiado de lectura y cómo alguien puede leer tres horas sentado en un inodoro. Mi marido tiene sus teorías particulares al respecto, que mi natural pudor me impide enunciar. Además, aunque fueran ciertas, ¿por qué exactamente en el baño?

Sea por lo que fuere, esta manía termina con las últimas delicadezas de una familia. Todavía no encontré los sinónimos para decir con elegancia: "¡Salí, carajo, que nos hacemos pis!".

Lejos de eso, tengo otras variantes aún más groseras para decir lo mismo, decididamente más groseras. Alguna vez la medicina tendrá que tomar en serio la cuestión y ver si los famosos trastornos de próstata de los varones adultos no son consecuencia de tanto fruncirse cuando los adolescentes copan el baño. No alcanzo a imaginar qué zona se nos dilata a las mujeres, pero estoy segura que en mi vejez tendré cistitis aguda. En cuanto a cómo lograr usar racionalmente el baño, todas mis tácticas vienen fallando desde que el primer adolescente me lo ganó.

Sólo sé que en casos extremos conviene estar en buenos términos con los vecinos... que no tengan hijos ni sobrinos en esa edad. Creo que electrificar el inodoro está penado por la ley.

El mangazo

Cabe señalar otra interesante diferencia entre hijos y sobrinos. Un hijo "exige" plata con tono de cobrador de la mafia; en caso de no conseguirla por ese método, recurren al hurto calificado, la estafa, la extorsión y hasta la asociación ilícita.

Muy otra es la estrategia de un sobrino. Para el mío, que "está dispuesto a vivir de sus padres hasta que lo mantengan sus hijos", la técnica pasa por conmover. Cada tanto alza su mochila y anuncia: "Hoy me voy caminando a la facultad. ¿No tenés una manzanita para ir comiendo por el camino?". La facultad queda en Morón, a más de quince kilómetros y, dentro del clima que ha creado, suena cerca de Humahuaca. Nuestros corazones tiemblan y nuestras faltriqueras se aflojan: ¿quién podrá ser tan despiadado como para no acercarle unos pesos?

¡Pobrecito, el bebé, que después de todo me limpió la bañadera!

Como buen joven argentino y latinoamericano sus recursos son inagotables, cualquier episodio es bueno para hacer resaltar su estado de indigencia y todos son de una eficacia mortífera. ¡Dios se apiade nosotros! El, seguro que no.

De amor y espanto

"Tía, ¿tenés problema que festeje mi cumple?"... He aquí una pregunta de cuya inocencia sólo puede sospechar una arpía o una tía veterana. Cuando me fue formulada, yo no era ni lo uno ni lo otro, así que sólo se me ocurrió responder, cándida cual Heidi, con un radiante "estaría encantada".

Como me queda algún borroso recuerdo de mis épocas de madre, di por sobreentendido que lo que me correspondía era evacuar el teatro de operaciones, porque si algo puede hacer fracasar una fiesta adolescente, además de la escasez de chicas, es la presencia de adultos. Por lo tanto, llegado el día, partimos con destino incierto y prolongado, a esperar la terminación de la fiesta. Recién a las cuatro de la mañana, con mi marido, rumbeamos para nuestro hogar. Escapa a mi pluma la impresión recibida al abrir la puerta: en un living donde tres personas caben apretadas... ¡se amontonaban veinticinco!

El relato aproximado de lo que ahí aconteció esa noche deben tenerlo mis vecinos. Pero difícilmente me entere, dado que me han retirado el saludo.

Escenas de la vida familiar

No hay nada que aprecie más que el amor en una familia. Pero cuando un exponente de la familia tiene el tamaño de un tractor, el amor puede resultar... ¿incómodo?... ¿traumático?... No sé, juzguen ustedes. Son las diez de la noche y el bebé de su tía se ha quedado en casa porque le falló una salida. Tía y tío están apaciblemente acostados, a punto de ver una película, cuando entra el orangután y con su sonrisa más arrasadora exclama: "¡Qué lindo, vamos a ver algo juntos!". Su actitud deja entrever que sus ilícitos fines son acostarse entre los dos. (¡Ay Dios! ¿Cuántas veces tendré que pasar por esta situación en mi vida? ¿Por qué tengo la impresión de que jamás he podido estar a solas con mi esposo?) Ante la eventualidad, el tío salta y se ubica en una silla. La tía, ya atacada de ciática, tira un colchón al piso. La criatura se instala en el medio de la cama, que ha quedado a su entera disposición, lanza un suspiro de satisfacción y la remata con estas palabras: "¿No es lindo ver una película en familia?". No entiende que el silencio de los tíos es un alarido.

El desconche

Esta palabra, de uso frecuente entre los chicos, significa algo así como "el colmo". Y de nuevo dejaré a vuestro criterio el juicio sobre lo sucedido. Hora once de la noche: tía y tío en mitad de una película, ¡por fin solos!, cuando la trama es interrumpida por un discreto golpe en la puerta y una ruluda cabeza que se asoma. La tía, decididamente postrada, descansa sus huesos en el suelo. El joven saluda amablemente y a continuación descerraja: "Tía, ¿me podés prestar el colchón?".

Aunque no entiendo bien de qué se trata, respondo que jamás. No acusa recibo de la inflexión pétrea de mi voz y se inicia una discusión que involucra mis vértebras, la futura silla de ruedas, mi duro corazón y lo poco comprensiva que soy. Al final, la pregunta obvia: "¿Para qué carajos querés mi colchón?". Carraspeos... y la historia: en el living está Mariana, que como le tiene que hacer gamba a su amiga, se ha venido a dormir a casa (jamás entenderé qué pasaba con la amiga de Mariana, pero para mí que andaba en algo turbio). Mi marido, con una ingenuidad tan grande como su corazón fraterno se comide: "Vengan a dormir acá, que yo me voy al living". Doy un aullido que no proviene precisamente de mi dolor de espalda. ¡No quiero dormir en el piso con la parejita en la cama! Comienza entonces otra negociación. A la una de la mañana, él marcha triunfante para el living, con nuestro colchón de dos plazas. La tía queda aferrada al suyo de una. Y el tío duerme en otro que el montaraz ha traído y hasta se ofrece tender. ¡Qué lo tiró, a la vejez, sobrino!

La "tiitud"

Pese a esta lamentable descripción, esto de ser tía tiene su parte maravillosa. Nos permite descubrir cuán piolas podemos ser con un sobrino, comparado con el desastre que hemos sido con nuestros hijos. Con voz dulce indago sobre sus estudios.

Con serena prestancia pregunto sobre la marihuana y alerto sobre el SIDA. Puedo escuchar distendida cualquier conflicto, y hasta mostrarme inteligente en las respuestas. Ni siquiera intenté suicidarme cuando vaciló entre Computación y Psicología. El, por su parte, no opina sobre mí con la ferocidad y saña con que lo hacen mis criaturas (o al menos se lo calla. Se agradece).

Jamás me ha dicho que soy una payasa. No ha puesto énfasis en mi neurosis obsesiva, ni en mi carácter de irrefrenable hincha pelotas (halagos filiales de rutina). Quizá porque no estamos atados por ese infernal nudo pasional de madre-hijo o (y ahora que lo pienso tiemblo) porque aún no ha entrado en confianza.

Sin embargo, extrañaré esa torpeza de cachorro, los escasos silencios de quien comienza a pensarse y esa turbulencia que traspasó nuestras vidas como ráfaga, desacomodó horarios y papeles y dejó a su paso la huella inasible de una atropellada juventud.

Strip-tease masculinos

Como todos saben, la moda de los stripers masculinos hace rato que llegó a Buenos Aires. Por lo tanto este relato no develará ninguna novedad. Simplemente quise chusmear la cosa y me llevé a mi madre y a mi hija de apoyo logístico. Fue una noche en la que a punto estuvimos de ver varones desnudos, a punto estuvimos de darnos a la lujuria. Sólo a punto.

El boliche estaba en una callejuela de Buenos Aires, de ésas que se ponen algo tenebrosas cuando anochece. La información que obraba en mi poder era de una confusión a prueba de todo entendimiento. De ella sólo pude sacar en limpio que se trataba de mancebos, que animaba Rossana Gay (cuyo curriculum se detallaba) y que uno de los participantes era "ex marido" de una actriz que fue "casi famosa", lo que, entiendo, también se debía tomar como antecedente artístico, aunque no pude descubrir de qué tipo. La cita era a las diez de la noche y allí estuvimos cual tres damas inglesas. Bueno, en realidad ni inglesas ni damas, me temo.

Mis acompañantes

Como ya ha sido dicho, concurrí acompañada de mi dignísima madre y mi señorita hija. La idea de ir en trío me era útil para resolver dos problemas que poco tienen que ver con el espectáculo y mucho con el destino de ser mujer. Por un lado apaciguaba a mi marido, a quien el programa le caía tan bien como a Gandhi una molotov y, por el otro, airear un poco al mujererío que andaba con ganas de salir. Sin embargo temía que mis acompañantes se resistieran al show. Mi vieja aduciendo la dignidad de sus años y, mi hija, pataleando porque ya no está para esas pavadas. Pero ambas aceptaron con un sospechoso fervor. Valga aclarar que mi madre hace un tiempo que ha decidido olvidarse de todo aquello que sea prescindible, y es sorprendente ver qué cantidad de cosas puede considerar prescindible una señora que se aproxima a los ochenta años. Pese a esto, aceptó la invitación con entusiasmo y la registró con precisión. Este ataque de memoria y tenacidad me impulsó a una charla familiar "¿exactamente por qué tenía interés en ir?". Recibí tres explicaciones inobjetables:

1) Ya estaba demasiado vieja para escandalizarse.

2) Hace tanto tiempo que es viuda, que ya ni se acordaba de qué se trataba un hombre.

3) "...comparar, hija mía, aunque sea un poco tarde, nunca viene mal."

Este último argumento sobresaltó un tanto mi Edipo, pero no alcanzó a opacar su verdad contundente. Si de comparación se trata, conozco formas menos angelicales.

En cuanto a mi hija, sólo cabe decir que es cordobesa. Explicar el numen de la cordobesitud excede mis posibilidades. Queda agregar, a modo de pobrísimo ejemplo, su comentario: "...en Córdoba ya tenemos uno" (al que por supuesto no había ido... lo que es también una forma de ser cordobesa). De todos modos, aceptó la invitación y allí partimos las tres a ver algo que esperábamos fuera parecido a un pecado.

Entrando al antro

El boliche era oscurito y paquetón, con dos niveles. Y mientras bajábamos las escaleras se me cruzó un pensamiento atroz: si mi vieja se llega a tropezar y, Dios no quisiera, quebrarse una pierna, ¿qué explicaciones le daríamos al médico de guardia? Por las dudas, la llevé prácticamente a cococho y la deposité con las mayores precauciones en nuestra mesa. La instalación consistía en un escenario y una pasarela que se internaba entre el público. La planta baja y la planta alta estaban unidas por unas escaleritas, por las que oportunamente treparían los mancebos para que las damas de arriba los tuvieran también al alcance de la mano. Los cortinados eran reemplazados por espejos que, sabiamente, mostraban lo que ocurría desde todos los ángulos y una música indefinida con abundantes jadeos inundaba el ambiente. Tres minutos antes de comenzar, desde arriba lanzaron humo blanco –"¡fumigan!" –gritó mi hija, que es payuca y anda un poco paranoica con el tema del cólera. La tranquilicé explicándole que se trataba de un efecto para acentuar el erotismo. **¿El qué?,** contestó, haciéndose la canchera y señalando de paso lo que ya estaba comenzando a quedar en evidencia: **de erotismo... ni rastros.** El público, justo es decirlo, tampoco contribuía en nada. El promedio de edad era de cuarenta para arriba y no quiero decir con esto que las cuarentonas seamos poco eróticas, más bien somos decididamente deprimentes. Recuerdo a una en particular, vestida de dorado como si de allí fuera a salir derecho para casarse, y a otra, un poco más joven que mi madre, a quien se la veía excitada hasta que el primer efebo acercó su anatomía a la cara y se armó tal revuelo que, para mí, la vieja –del susto– le mordió la entrepierna. Pero como esto pertenece al espectáculo, vamos a él.

Sin telón, sin pantalón

Bajaron un poco más las luces y apareció Rossana Gay (que no es un travesti como imaginaba), quien planteó lo que iba a ser el eje del show, algo así como: **¿Quién de nosotras no ha fantaseado alguna vez con un joven vestido de cuero que nos suba a su moto y nos lleve al mismísimo éxtasis?** A continuación desapareció Rossana y apareció el "motero" quien, acompañado por una música exasperada, comenzó a sacarse la ropa. Ante la expectativa de la audiencia iban volando pilchas hasta que quedó en slip. Siempre como si tuviera un dedo en el enchufe, realizó algunas piruetas presuntamente eróticas y entre desencantados aplausos de la concurrencia, hizo mutis por el foro. Vuelta Rossana, esta vez, anunciando al "ejecutivo". (**¿Alguna vez no ha fantaseado con un jefe?**) A esta altura ya había empezado a palpitarme que algo raro ocurría con mis fantasías eróticas. En mi vida se me ocurrió apetecible un joven con moto y menos aún un jefe.

La miré a mi vieja, que parecía tan serena como siempre y, luego, a mi hija, quien me codeó para susurrar: **"Pobre tipo... tiene anillo de casado".** La situación, de poco erótica viró a patética. Como en un tango dado vuelta pensé en su esposa y todos sus hijitos a quienes, sin duda, les diría que trabajaba como chofer nocturno y no de striper para viejas lúbricas. "El jefe", vestido como tal, procedió a desvestirse, voló el saco, la camisa, la corbata y cuando llegamos a los zapatos... **¡no tenía medias!** La crisis no respeta ni a los ejecutivos. ¡Cache!

Al ejecutivo le siguió el "modelo de televisión". La rutina era la misma, ahora completada por un descuelgue de la pasarela y un bajarse a las mesas revoleando las caderas (bueno, en realidad, otra cosa) a diez centímetros de las narices y, para que nadie sintiera que había pagado en vano, luego, se trepaban por las escaleritas y hacían el mismo dengue para las de arriba.

Hombres necios que mostráis

Debo reconocer que cuando se me acercó el primero pensé: "...Si éste me toca le doy una piña", y en el acto temí, además, ser fóbica a los hombres; pero al ver que no avanzaban y que la discreción y el respeto primaban en el espectáculo, me relajé y comencé a observarlo en serio.

Transcurrida ya la mitad con creces, mi madre, dando sus primeras señales de vida, me susurró al oído: **Hija, ya ha pasado más de una hora... ¡y no hemos visto nada!** ¡Sabias palabras!

Desfilaron en total nueve pibes, casi todos ellos hermosos y hasta uno buen bailarín, lucieron todo tipo de atuendos, desde indios fosforescentes a cowboys estilizados, pero en realidad ver, **lo que se dice ver,** absolutamente nada. El strip-tease terminaba siempre en un slip que a lo sumo variaba en el color. Más allá de cualquier mal pensamiento, todas las allí presentes podíamos retirar nuestro par de alitas a la salida. Inevitablemente, me di al vicio de pensar: ¿por qué, si todo funcionaba bien, en realidad nada funcionaba? Tal vez porque las fantasías propuestas no tenían que ver con las mías. Reconozco que en materia de gustos, soy de paladar extraño: me conmueve más Woody Allen que Schwarzenegger con todos sus bíceps desplegados. Pero si bien los caminos del deseo son únicos e intrincados, también hay que ser muy exótica para motivarse con un indio sioux vestido de lamé verde o un Drácula ojeroso... Por lo demás, creo que la sensualidad está reñida con esa gimnasia aerobic que hacen los mozuelos. Claro que cabe la posibilidad de que el espectáculo sea una muestra de cómo es el amor en estas épocas, dato que me reconciliaría bastante con mis años. Sin embargo, pese a todos mis peros, había una cierta exaltación entre las veteranas, y cuando al finalizar el espectáculo, los mancebos se ofrecieron a bailar una pieza con las presentes, la mayoría aceptó con una inocultable alegría. ¿Seducidas por ellos? ¿Aliviadas de no estar bajo el control de la mirada de sus dueños naturales? ¿Regocijadas porque por fin hay un espacio donde los hombres sean excluidos? Imposible saberlo. Entre la euforia general, recogí a mi tropa y nos retiramos. Mi hija aseguraba que el de Córdoba era mejor. Mi mamá insistía que por la tele se ve más; yo mascullaba "si te gusta Woody Allen es al ñudo tanto dengue". De cualquier forma, nos fuimos con la sobriedad y el recato de la familia Ingalls saliendo de un sermón dominical. A mi mamá la consolé prometiéndole un póster de Silvester Stallone en calzoncillos.

Cómo ser buen hijo de una buena Idishe Mame

*Las cualidades de una idishe mame no se improvisan. Se han amasado a través de los siglos y se trasmiten hereditariamente como la hemofilia. Los hijos que circulamos por este mundo, fruto de tan excelsa pedagogía, hemos aprendido, no sólo a sobrevivir sino hasta a ser "buenos". Y créanme, ser un buen hijo de una idishe mame tampoco es una improvisación. Todo lo aprendemos con sangre, sudor y culpa, **¡muuuucha cuuuulpa!** hasta llegar a ser perfectos. Para más datos le preguntan a mi vieja.*

Nosotros, los hijos, aprendemos desde muy temprano algunas verdades inquietantes: en nuestras manos, siempre tentadas al matricidio, descansa la vida y muerte de mamá. También de nosotros depende su alegría, su orgullo y su vergüenza. Nuestras madres piensan –al igual que Rousseau– que hemos nacido buenos y que cualquier desviación de ese camino "se lo hacemos a propósito".

Difícil es transitar por esta vida llevando con garbo tales máximas de acero y, sin embargo, más rayados que partitura de jazz, si sobrevivimos llegaremos a ser "buenos hijos", todo es cuestión de intentarlo. Si lo desea, he aquí algunos consejos:

Regla número uno

A cualquier edad, con cualquier profesión, en cualquier punto geográfico que nos encontremos, un buen hijo debe estar, por encima de todo "preocupado por mamá".

Dicha preocupación es difusa, difícil de explicar al que no sea iniciado en estas lides pero insistente e inolvidable como un dolor de muelas. Bajo este presentimiento de holocausto en

ciernes un buen hijo debe preocuparse por los siguientes ítems:
–Si su madre es desdichada.
–Si está sola.
–Si está acompañada.
–Si está enferma (porque seguro se muere).
–Si está sana (porque seguro se enferma).
–Si está pobre (porque la culpa es nuestra).
–Si está rica (porque va a perder la plata o la van a asaltar los ladrones) y básicamente estar preocupados porque ella está preocupada por nosotros y la pobrecita no descansa de tanta preocupación que, por supuesto, a nosotros nos preocupa.

Regla número dos

Dado que, como ya ha sido dicho, toda alegría devendrá de lo que hagamos, deberemos esforzarnos siempre en ser los mejores:
–ejecutivos,
–sambistas de carnaval,
–levantadores de palos de bowling,
–peritos clasificadores de granos,
–parapsicólogos,
–torturadores,
–divorciados,
–analizados,
–presos,
–internados de un loquero.

Cabe aclarar que en el tema de la profesión no son demasiado exigentes. Aunque, a que negarlo, las exaltan en particular los títulos universitarios que se pueden colgar en la puerta de calle para que se entere el vecindario. Dentro de su escala, por ejemplo, siempre lucirá mejor un "doctor" que un egresado cum laude en Filosofía de la Sorbona. Más allá de esta comprensible debilidad, tienden aceptar cualquier cosa, sólo les basta con que seamos los primeros y ella se encargará del resto. En cuanto sobresalgamos en algún rubro, demostrarán a sus amigas y familiares, que su hijo tuvo el mejor divorcio que recuerde Villa Crespo o, como el viejo y certero chiste, que somos los mejores analizados, entre otras cosas, porque pagamos para hablar de mamá. Y en ese punto al menos no se equivocan.

Regla número tres

Ser levemente desdichados en el matrimonio. No demasiado porque se moriría de pena. Apenas lo suficiente como para dejar en claro que, lejos de ella y como ella, nadie habrá que nos

colme de dicha. Es recomendable entonces hacerle saber que si se trata de él:
– Toma más de lo conveniente.
– Es un inútil en los negocios.
– Nos pone los cuernos.
– Tiene un carácter de mierda.
– Se deprime.
– Se exalta.
– Nos hace el amor a las cansadas.
– Nos cansa haciéndonos el amor.

Si se trata de ella, habrá que informar que:
– Cocina inmundicias (eso las pone particularmente felices).
– Trabaja y los descuida.
– No trabaja, pero no los comprende.
– Es despelotada en la casa (esto podría provocarles un orgasmo si no fuera que una idishe mame jamás ha sabido qué es eso).

Sobre este particular habría que hacer un señalamiento sutil: por más defectos que tenga nuestra pareja, salvo en el caso de divorcio inminente, hay que mantener en pie alguna que otra virtud. Por ejemplo, si él es inútil en los negocios habrá que destacar que tiene un noble corazón para los animales, si ella cocina como el trasero es práctico remarcar que terminó la primaria con sobresaliente en conducta.

El diálogo que una idishe mame mantiene consigo misma, se vería seriamente afectado si la privamos de las desgracias, pero el que mantiene con su prójimo se volvería inexistente si la privamos de algún éxito.

Regla número cuatro

Démosle nietos, pero por favor nunca un solo nieto. Mamá deberá comparar, reinar y dividir sobre las pecas de Sara, lo demasiado alta que es Esther, lo desatento que es Samuel y lo bueno que es José.

Informará a nuestros hijos sobre los desastres que hacíamos en la escuela, cosa de minar toda autoridad que intentemos tener sobre ellos. Como parte de su discurso esquizofrénico también les dirá que nosotros "sí" éramos buenos y geniales, para alentar cualquier complejo de inferioridad que pudiera asomar en los querubes.

Se ocupará de informarnos que el dentista que elegimos es malo, que el médico es peor y que la escuela deja mucho que desear. La idea general es poner en evidencia nuestra ineptitud como padres y madres y todo porque... ¡desaprovechamos sus maravillosos consejos!

Nuestras madres tienen ideas claras de lo que "sí" alimenta, la historia de los hidratos de carbonos son para ella eso: "historias". Resumiendo, para una idishe mame sólo lo que engorda es bueno. La gimnasia, una forma del ocio incomprensible: **¿En lugar de "eso" por qué no hacés otra cosa? Por ejemplo aprender a preparar el guefilte fish que "no te sale como el mío".**

Regla número cinco

A nuestra madre hay que contarle todo, desde la decisión de cortarnos el pelo hasta si tenemos un amante. Con su selectiva oreja ella registrará lo del pelo y desdeñará lo del amante (ese tema en hijo propio no le gusta para nada). Pero sea cuidadoso en las pavadas, pues nuestras madres creen que hay una conjura para que "todos los demás lo sepan menos yo" y sobre el particular se ponen muy cargosas.

Las reglas, por supuesto, son interminables y pueden llegar a tener la complejidad de los logaritmos. Sin embargo, tal vez éstas le sirvan para reducir sus sesiones de terapia. Sólo baste recordarle que, detrás de una buena idishe mame, hay un hijo como uno, y si alguna vez ella lo considera "bueno", lamento informarle, es usted adoptado.

INDEFECTIBLEMENTE MUJER

*Si las mujeres somos el apéndice de los hombres,
los varones son nuestra peritonitis.*

Usted, ¿no junta basura?

Este es un homenaje, un reconocimiento y una reivindicación para todas las mujeres que arrastran la mala fama de ser junta-basuras. A contramano de esta civilización de "úselo y tírelo", quiero alzar mi voz en defensa de nuestro gremio, cuya única bandera es: "algún día nos va a servir".

Es necesario aclarar que detrás de toda junta-basura se esconde un almita profundamente optimista y solidaria. Nuestro razonamiento básico, nuestra ensoñación más querida, consiste en que llegará un momento en que, entre alguno de los cachivaches que guardamos, aparezca "ése" que le salvará la vida a alguien (el modo no está muy claro. La historia no abunda en personas salvadas por una cajita de fósforos usados o un envase de bombones vacío con un delicioso moño carmesí). Queda en claro: somos gente de creer que el futuro existe (cosa difícil de asegurar en nuestro país), y que "algo" puede ser solucionado con esa curita mugrienta y ya sin pegamento que se arrastra por nuestra mesita de luz.

De fantasías y realidades

He partido de reconocer que nos guía un **afán de servicio.** Es de lamentar que la realidad no siempre nos acompañe y, peor aún, nos resulte adversa: nunca se ha podido comprobar que los sobrecitos de azúcar, que con tanta devoción guardamos en la cartera, sean realmente útiles el día en que nos quedemos sin una mísera cucharadita en la azucarera. Quizá, porque cuando tal cosa ocurre hace meses que se han transformado en una **baba arrugada y sucia,** se han abierto en el fondo de nuestro bolso, y hasta se volcaron alguna vez sobre nuestras medias (y las de nuestro acompañante) en el cine. Sin embargo, noble intención tuvimos y no es culpa nuestra si en la emergencia todos tomamos café amargo.

Algo similar ocurre con los frascos de mayonesa con tapa, en los que **algún día** pondremos berenjenas en escabeche, o los ofreceremos a quien necesite un análisis de orina. Claro que cuando juntamos tiempo y coraje para hacer un escabeche, las berenjenas pasaron de estación y nos queda un año por delante para que vuelvan a florecer en las verdulerías. En cuanto a la orina, los médicos se han puesto tan exquisitos que piden **"recipientes esterilizados"** y es en vano jurar que estos frascos están lavados hasta la asepsia más total. Injustamente se confía más en los que venden en las farmacias (que vaya a saber una quién y cómo los han limpiado) que en nuestros espléndidos frasquitos. Total, igual los guardo. Porque las berenjenas vuelven el año próximo; **¡y ya te va a agarrar un domingo sin farmacias, y vas a ver dónde hacés pis!**

En nombre del ahorro

En verdad, no todo es grandeza en la psicología de una junta-basura. En muchas ocasiones, lo que nos mueve es el **afán de ahorro.**

La sábana que se agujereó en el medio nos sirve para hacer fundas. Cuando descubrimos que jamás las haremos, lejos de tirarlas, las pasamos a la categoría de "trapitos de limpieza". No nos detenemos a pensar que nos llevaría el resto de nuestras vidas (y sería una vida muy estropajosa) limpiar "tanto".

Las medias corridas se conservan porque con botas o pantalones, "no se ven"; tampoco se usan porque finalmente optamos por comprar nuevas (**y si nos atropella un auto** –fantaseamos– **¿qué van a pensar de una, en terapia intensiva, dos estertores antes de estirar la pata... y con las medias corridas?**). Con el mismo criterio se acumulan zapatos antiguos (**¿quién te dice que las chatitas no vuelvan?**). La ropa se guarda porque "si le añado un pedazo de la sábana y consigo una modista, me queda nueva". (Estos arreglos sólo parecen dar resultado en las revistas femeninas, pero aun así quizás ocurra el milagro: un día tendré tiempo de encontrar la sábana, recuperar ese absurdo jumper de los '60... ¡Y otra que Coco Chanel!

Basuras varias, recipientes ídem

Toda junta-basura parece reunir dos condiciones: tener de todo y no poder encontrarlo jamás. Gran injusticia, pues cada una posee varios lugares donde poner los tesoros. Cajas con pedazos de puntillas, botones de carey (uno), hilos de bordar, tarjetas deseándonos un Feliz 1974, biromes sin tinta, una lima de uñas gastada, seis palillos sobrantes de alguna caja ignota, estampillas que ya no sirven... Por supuesto, la cajita no alcanza, así que en otro recipiente que "esté a la mano" vamos acopiando corchos (que nos serán indispensables en algún momento que, no por incierto, es menos acuciante), gomitas, trabas para el pelo, un rulero inmenso de la época de la "toca", tapas de distintos aerosoles (que son muy útiles cuando se pierde el que tenemos en uso, sólo que el que tenemos en uso se gasta **antes** de que encontremos la tapa), jaboncitos que hemos recolectado de diversos hoteles, llaves que ya no abren ninguna puerta, pedacitos de cable que sobraron cuando instalaron el teléfono, un frasquito de curry inglés que apenas tiene una raspa, un pedazo de hilo sisal y, por supuesto, **todos** los moños de **todos** los regalos que hemos recibido en el último año.

En un alarde de prolijidad, tal vez encontremos un lugar para las bolsitas, bocadillo especial de toda junta-basura que se precie. Indispensable para acarrear algo de aspecto asqueroso disimulado en un envase de una marca paqueta y preferentemente para auxiliarnos ese fatídico día cuando nos quedamos sin las de residuos. Lamentablemente, cuando ese día llega las bolsitas que guardamos **siempre** resultan **dos talles menores** que nuestro balde, y transformamos la cocina en una chanchada tratando de embocar las cáscaras.

Las cosas del querer

No todo lo que acopia una junta-basura está signado por un espíritu previsor: hay temas que pertenecen al corazón y sólo una las entiende. Como dijera Atahualpa, **"no vengan a tasarme el rancho con ojos de forastero"**.

Al cumplir treinta años mi bienamado me regaló una orquídea. Amén de la alegría, sentí que había ascendido de "mina para regalarle un libro" a la de "mina para regalarle una orquídea". Como a Marilyn, por ejemplo. ¿Cómo hacer para retener tan espectacular momento en mi corazón? Pues **guardando la orquídea.** Por desgracia, debajo de un vidrio sólo quedó de ella algo chamuscado, con aspecto a pucho mal apagado. Reconozco que resulta impresionante para cualquiera que no sepa que "eso" **es el frágil cadáver de aquella flor,** todavía fragante en nuestra imaginación merced al tiempo y las nostalgias. Dentro del mismo rubro se encuentra ese pedazo de aro sin piedritas y su par desaparecido para siempre. Aunque todo arreglo es imposible, fue un regalo para el Día de la Madre elegido entre peleas, ahorros y misteriosas corridas por mis hijos. ¿Tirarlo? ¡Antes pasarán por encima de mi cadáver!

Hay también, en esta sección con música de boleros, programas de cine, boletos de "aquel viaje" y un sinfín de indicios que han sobrevivido a maridos y mudanzas. Quizá ni recordemos el nombre de aquel amor pero certifican, al menos, que alguna vez fuimos adolescentes, capaces de emocionarnos por un papel que no fuera la infame cuenta del teléfono. En otro rincón puede encontrarse alguna nota periodística que nos llegó al corazón y que estamos decididas a mandar a algún amigo lejano... un año de éstos...

Momentos de gloria

Pese a que esta descripción pareciera la de un desbarajuste que tiende al fracaso, toda junta-basura tiene al menos sus cinco minutos de gloria en esta vida. Quizá llegue cuando el botón de carey salte al estrellato para sostener el único pantalón limpio que le ha quedado a nuestro marido (el cual como la vida es así de injusta, sin emocionarse por el botón nos estará puteando porque no retiramos de la tintorería los otros).

Mi momento de gloria se lo debo al corset de mi vieja, con el cual habrá hecho estragos a comienzo de siglo: es una prenda de encaje negro con ballenas forradas en raso, mezcla de bar del Far West con francesa de vida alegre (nunca le he preguntado a mi mamá sobre su pasado; debería hacerlo). Lo cierto es que cuando por azar cayó en mis manos lo atesoré por años con la misma consigna: **por las dudas.** Pasó el tiempo (décadas, me atrevería a escribir), hasta que en una noche de fiesta, donde el alcohol había provocado desastres entre los presentes, a alguien se le ocurrió... ¡disfrazarse! Corrí al cajón, saqué el corset, y de lejos su portador ganó el concurso ¡superando con creces hasta las sábanas rotas, que también habían salido a relucir en el jaleo!

¡Para momentos como ése vive una junta-basura!

En síntesis, si usted necesita en algún momento de desesperación el asa de una taza rota, un juego de naipes incompletos, una latita de gaseosa muy mona, frasquitos de perfume vacíos, pilas de grabador en estado incierto, un lápiz de labios totalmente gastado, billetes de lotería sin premio, dos boletos a Montevideo usados, y papel picado del último corso con disfrazados que se hizo en la Argentina, dése una vueltita por casa que será bien recibido y hasta aclamado por toda la familia.

Pequeños enigmas femeninos

Como un lamento, como un insulto, con resignación o con ira, los varones dicen: ¿quién entiende a las mujeres?
Difícil que nos entiendan, porque no nos escuchan. Pero si nos escucharan, entenderían aún menos. ¿Y el mito de la intuición femenina? ¿Es real, es una autopromoción o es cosa de Mandinga?

Las mujeres nos comunicamos con un parloteo extraño muy semejante al rastro de una gallina borracha. ¿Pero qué significará? Aquí van ejemplos y algunas pistas.

Reproduzco un diálogo de Redacción.

Irrumpo en lo de Gloria en vísperas de los "Gun's n Roses". He leído bastante sobre ellos, pero no terminé de formarme una opinión. ¿Qué mejor que recurrir a una experta?

–Gloria, ¿qué pensás del quilombo de estos roqueros fachos?

Gloria se concentra y comienza una interesantísima explicación, que abarca desde el análisis de las letras, la condición de un crítico musical, la significación del fenómeno en el mundo. De pronto, intercala:

–Ese lápiz de labios te queda como el culo.

–**Es indeleble** –replico, sin sobresalto y sin percibir el dislate de la contestación.

–Y eso, ¿qué tiene que ver? Hay indelebles de otros colores.

–Sí, pero éste es norteamericano y no se sale.

–¡Peor! ¿Para qué querés andar todo el día con ese color de mierda?

La charla se desliza entonces, no menos de quince minutos,

por las críticas y defensas del lápiz labial; incursiona en diversas marcas de cosméticos, deriva hacia tomar o no tomar sol, y vuelve finalmente a los "Gun's n Roses". Salgo muy informada sobre la cultura rockera: he aprendido cosas que realmente me interesan y, además, sé que debo tirar mi lápiz a la miércoles.

Frente a un varón, o con un varón, esta forma de diálogo sería imposible, aunque se pintara la boca de color fucsia.

Otro sí digo

Con una amiga estamos analizando el mensaje que se les desliza a los niños a través de las publicidades infantiles. La charla roza cumbres exquisitas de información. De pronto, interrumpo:

–Che, ¡tenés una cana!

–**¡No me digas!** –se conmueve mi interlocutora, olvidando inmediatamente a Melanie Klein, las referencias freudianas y alguito de Lacan, que ambas tocamos de oído.

–**¡Me falló el henna, entonces!**

–Ah. ¿Y cuál usás? Porque yo probé una vez y me quedó el pelo rojo.

–¿Qué color te pusiste?

–Tiziano.

–¡Claro, el tiziano se hace rojo!

–¿Y por qué carajo en los envases no te avisan?

Y allá vamos otra vez, alegremente, a una charla donde orillaremos las mil técnicas para cambiarse el look, profundizaremos sobre las ventajas del pepino como máscara de belleza, lo caro que están los ananás, lo baratas que están las frutillas y cuánto es el tiempo de cocción del choclo. Al final, retomamos a Melanie Klein y arribamos a una teoría sobre la propuesta inicial, que si bien no esclarecerá el tema, será un dignísimo aporte a nivel teórico.

De película

Quien haya puesto atención en las películas sobre las mujeres, puede hallar perlas maravillosas. **Thelma y Louise,** huyendo por todos los caminos de los Estados Unidos y con un millón de policías detrás, se preocupan por no tirar latas de cerveza en la ruta. Una se pinta los labios mientras recorren un sendero polvoriento. De pronto ponen música y comienzan a cantar. Son tan maravillosamente femeninas en su dispersión, en su atención a las minucias, en su predisposición al absurdo, tan solidarias entre sí y tan obcecadas en su sueño que las mujeres lloramos por y con ellas, de un extremo al otro del planeta.

Pistas nada más

A la hora de pensar sobre nosotras, encontraremos que todo ha sido pensado ya por los varones. Hay maravillosas teorías sobre el lenguaje. Medulosos análisis de su apropiación por parte de las mujeres y hasta el chiste cordobés donde un negro se lamenta con otro: **Tengo tan mala suerte que el día que a las mujeres las parta un rayo a mí me va a tocar la mitad que habla.** Je, je. Dejo análisis e insidias de lado para jugarme por una tangente más mediocre.

Tiendo a creer que esa suerte de dislexia hablada responde a una saturación de datos, roles y trajines. Lo que una mujer común "debe llevar" en la cabeza, es demasiado, desde el menú del día hasta el punto del arroz, el dentista de los chicos, las compras, la vacuna del perro, las escuelas, las maestras, la ropa y además las que trabajamos, soportar, registrar y solucionar lo que cualquier varón... digámoslo de otra manera: es como si en una multiprocesadora intentáramos mezclar manteca, diarios, bulones, bombachas y afines; el resultado jamás podrá ser homogéneo. Intenten ustedes cargar en una computadora lo que diariamente maneja una mujer, y verán simplemente un estallido. Nosotras, con menos escándalo, simplemente hablamos así.

¿Dónde conseguiré un lápiz de labios que me quede bien?

Intuición femenina

De algún modo, me parece, la famosa intuición femenina por la cual se ha quemado a más de una dama en la hoguera, tiene que ver también con la forma que hablamos, es decir, con la manera en que "vemos". ¿Pasamos a un ejemplo? Ella y él se retiran de una cena donde han conocido a personas, él pregunta: **¿Qué te pareció Fulano?**

–**No me gusta** –dice ella mientras se saca los zapatos que, por supuesto, le aprietan.

El, que ha quedado entusiasmado con el Fulano, intenta hacerse el burro:

–**¿No te gusta Fulano o tus zapatos? A mí me cayó bien.**

Ella ya se está despintando así que la voz le sale medio ahogada por la crema de limpieza.

–**Cuidate, porque es un rastrero.**

El diálogo termina ahí, y probablemente sea retomado el día que Fulano le haya hecho no más la fulería vaticinada. En síntesis: era un rastrero.

Es tan veloz la manera en que una se forma una impresión que resulta difícil explicarla. Son apenas mínimos detalles que se registran vaya a saber en qué región debajo de nuestros rulos y de pronto se unen como un rompecabezas perfecto. Cuando alguna vez me he visto en la obligación de explicar por qué algún Fulano me pareció una verdadera bazofia, surgían detalles casi absurdos: "Calcetines verdes con traje azul", dice nuestra memoria ...mmmm pero eso hablaría del mal gusto de Fulano, no de su mal corazón. "Se servía antes que su mujer" ...mmm pero eso tendría que ver con su pareja... "Hablaba en voz demasiado alta" ...mmmm esos son modales... "Estuvo demasiado amable" ...¿con quién?... volvemos a rasguñar en la memoria y sí, estuvo "demasiado" amable con alguien que sabemos que detesta pero que es su jefe. ¡Helo allí! ¡El Fulano es falso y obsecuente! De ahí a ser un rastrero hay un solo paso que en cualquier momento va a dar. Curiosamente cuando, tratando de investigar nuestra mágica intuición, nos pregunten "cómo lo sabíamos", apelando a nuestra memoria que no anda para registrar tanta pavada, quizá contestemos: **¡Pero cómo vas a confiar en alguien que usa calcetines verdes!**

¿Por qué las casadas no podemos tener amigas?

En el supuesto, discutible para muchos, de que las mujeres pertenezcamos al género humano, las organizaciones pertinentes deberían recoger este reclamo: el derecho de las casadas a tener amigas. Parece del Medioevo, ¿no?, pero veamos un poco alrededor y nos encontraremos que el Medioevo aún está entre nosotros.

Ni pienso hacer una llorosa descripción de todo lo que los hombres "sí" y las mujeres "no". En términos generales, es tan injusto que puedan hacer pis contra un árbol como que se diviertan con el fútbol desde chicos mientras nosotras hacemos carrera de idiotas jugando a que trabajamos en la casa. Dejemos por fin la lista de históricos oprobios y fijemos nuestra mira en esta reivindicación que nos convoca.

Hagamos historia

Cuando una mujer se casa por primera vez calcula que le va a ir bien para siempre. Por supuesto, a nadie le va tan bien como imaginaba. Algunas aguantan y otras no. Digamos que, en el primer tramo del matrimonio (hasta que una le da una patada en el tujes a su cónyuge o plantea las reglas del juego de otro modo) se emplea tanto tiempo en acomodarse (puede leerse pelear como descosidos), que una pierde los derechos que nos competen más allá del estropajo y los pañales que, descartables o no, siempre tienen caca. Pero fatalmente llega el día en que la maroma cede o una se la toma con soda.

Y en algún recodo de nuestro camino mientras fregamos un calzón o preparamos los fideos de los domingos, cometemos el pecado mortal de pensar por un instante en nosotras. El shock es altamente impresionante al punto de que una puede mascar el calzón entre sollozos o arrojar los fideos por la ventana, con grave riesgo para los vecinos de abajo. No importa lo que descubramos pero siempre el balance suelta un tufillo a estafa. Algo, mucho, nos han robado estos mozos. El supuesto juego del amor ha sido el modo de enmascarar una rapiña feroz de nuestra alma, nuestra identidad... ¡y nuestras amigas!

Según una curiosa organización social, cuando una se casa carga con la madre de él (horrible producto llamado suegra), con sus hermanas, con sus dilemas infanto-juveniles, con sus veinte años, que nunca lo llevaron lejos, con sus amigos y con "las esposas de sus amigos". Dichas señoras pasan a ser automáticamente las únicas amigas permitidas y santificadas ante los ojos de nuestros maridos. Da la casualidad que a veces esas "amigas" coinciden con nuestro corazón.

Milagrosamente, entonces, surge la amistad (esa férrea y secreta solidaridad entre mujeres). Pero casi siempre las señoras de esos señores son irremediablemente paspadas, insoportablemente hipócritas, exasperadamente alienadas o, decididamente boludas. Por supuesto que con estas últimas jamás habrá el menor entendimiento. Sin embargo, reunión tras reunión, año tras año, una sentirá que se le crispan los dientes mientras nos cuentan de la ropa que se han comprado o nos pasarán hasta la locura la misma receta de budín de pan, sin dejar de recalcar que a ellas les sale cual ambrosía, y a nosotras duro como el cemento. ¿Qué clase de diálogo puede tenerse con un andrógino como ése? ¿Por qué una debe cargar para el resto de la vida con ese tipo de señoras solamente porque están casadas con un señor amigo de nuestro señor esposo?

Después están las otras, ésas que por un milagro consiguieron, dentro del cautiverio, elaborar algunas ideas propias (alcanzar a elaborar **una** idea ya es toda una hazaña). Con ellas nos ingeniamos para ser amigas. He usado deliberadamente el verbo "ingeniar", porque cuando los hombres huelen que un conciliábulo femenino excede los temas usuales, se ponen muy nerviosones. Obvio es decir que los temas "normales" para ellos suelen comenzar por sus apasionantes personas y terminar en sus (nuestros) apasionantes críos.

Las amigas casadas

Pese al desolador panorama anterior, ya hemos dicho que entre las casadas hay material rescatable. Sin embargo, para intentar trabar una amistad sólida con ellas hay que aceptar ciertas reglas del juego que están muy emparentadas con las de cualquier preso de cualquier cárcel argentina. Es cierto que nuestro cautiverio es relativamente abierto (podemos comprar el pan con absoluta libertad), pero en todo lo demás tenemos una libertad vigilada o lisa y llanamente "acompañada" por nuestros captores. Traducido a los hechos esto significa que difícilmente las casadas podemos vernos a solas. Hablo con conocimiento de causa, pues durante tres años, por motivos que no viene al caso aclarar, tuve que pasar dos noches y un día completo en estado de precaria soltería o muy casada espera. Sola, bah. Durante ese tiempo, sin rendirme nunca, insté, supliqué, rogué a mis amigas casadas que me visitaran a la hora y en el lugar que acordáramos. **Jamás** he conseguido verme con alguna de ellas. De esta suerte, me resigné a visitarlas en su casa, y conversar mientras las pobres peleaban con bebés que clamaban por mamaderas o adolescentes que se acomodaban entre nosotras, en un abierto desafío a la menor intimidad.

Cuando llegaban los maridos, siempre me retiraba con discreción, porque en ausencia del mío propio no tengo por qué aguantar a uno más. Como yo misma he estado en la situación de ellas (todos los días menos ése que mencionaba), sé bien cuáles son las tretas a las que recurren para coartarnos la salida: insufribles caras de culo, sutiles recordaciones de que si nos vamos solas seguro que el niño más chico, en un descuido, se traga la tortuga, amenazas veladas del tipo de: **¿Así que estás por salir? Entonces yo aprovecho y...** (y en los puntos suspensivos cabía plena la imagen del formidable par de cuernos que pensaban propinarnos), o lisa y llanamente se enferman al borde mismo de la muerte en el instante en que alzamos la cartera. Como comprenderán, cualquier alma sensata debe mandarlos al carajo, pero... ¿quién ha dicho que las mujeres la tengamos? Más aún, ¿está medianamente probado que las mujeres tengamos alma?

Las amigas solteras

Si verse con las amigas casadas puede y suele ocasionar un verdadero trastorno, la sola mención de una amiga soltera pone a un marido en estado de paranoia aguda. Creo que las viven como "las puertas de salida". Un tentador umbral por el cual podemos pasar y perdernos para siempre. Saben por lo pronto que las solteras son más solidarias y consecuentes que las casadas, y que siempre tienen su corazón fraternalmente abierto para cualquier confidencia. La bandera de peligro flamea ante los ojos varoniles, porque si todo esto fuera poco (y ya es mucho) cuando una esposa visita a una amiga soltera ve la otra cara del cautiverio: una forma de vivir en libertad que incluye desde el tiempo para tomar sol, pintarse las uñas y estar preciosas hasta tiempo,

tiempo, ¡TIEMPO! para ese sagrado ser que, después de todo, es una. Esa otra manera de vivir, con horarios que se marcan según el propio placer y no sometidos al placer disperso de nuestra tribu, da vértigo.

Paraditas en el borde de la jaula, una las escucha planear sus vacaciones, mecerse en tormentas pasionales que hace mucho pasaron para nosotras, enamorarse y desenamorarse con diversos grados de placer, comentar películas que no llegaremos a ver, obras de teatro que pasaron frente a nuestras narices mientras nosotras controlábamos una gripe o servíamos café como una locomotora para algún examen de un crío.

Sospecho que cuando ellos se oponen con tanta sutileza como ferocidad a que cultivemos esas amistades, calculan que un día una puede tentarse con esa imagen, y cual una alondra sin seso salir volando rumbo a ese destino mucho más libre. Ignoran que nadie está cautivo de amor sin acuerdo mutuo y que toda situación tiene sus pro y sus contras, incluidas por supuesto la situación de ellas y la nuestra.

Las divorciadas

Si con las solteras andamos mal, con las divorciadas es el fin del mundo. Se supone que ellas, habiendo atravesado el mismo purgatorio que nosotras, se han decidido por el cielo, y peor aún, a apologizar sobre él. Las imaginan como predicadoras de oficio que habrán de contarnos desde afuera todas las penurias que ni siquiera percibimos desde adentro y, tal vez, enrolarnos para su causa. Son además particularmente sospechosas de inconductas morales, y presuntas celestinas, que en una de esas nos presentan un amigo que resulta ser más atractivo que ellos.

Para mantener una amistad con ellas, es necesario quemar hasta el último aliento de convicción y refugiarnos en cualquier hilacha de autoestima que nos haya quedado. No sólo en nombre de nuestro derecho de elegir amigas, sino porque el mito que envuelve a solteras y divorciadas frente a los ojos de un varón no es ni más ni menos que un mito. Una forma, una cara, un nombre en el que ellos corporizan todos sus temores.

Desconocen que esas amistades se equilibran en ese justo medio de aquello que nos sobra frente a lo mismo que a ellas les falta.

De última, es tan urticante ver cómo una amiga se pinta las uñas con la paciencia de un Buda y el deleite de Epicuro, anticipándose a una noche de gloria, como nuestra propia imagen que, aún bajo protesta, habrá de salir corriendo a preparar la cena para "nuestro hijo" y nuestro marido. Ambas sabemos que ese cuestionado señor que cumple ese oficio, es en verdad lo que todas esperamos. Que aquéllas que no lo tienen pagan el precio de su libertad con su ausencia. Que una les envidia tiempo y libertades, pero sabe que la libertad sólo adquiere sentido cuando hemos decidido compartirla con alguien.

Fraterna, maduramente, ambas nos envidiamos y no apostaría ni cinco por cuáles querrían pasarse a mi sufrido bando con menos brushing, todas las obligaciones, pero... un compañero. Que si bien es cierto que muchas veces estorba, a la hora de la verdad su mano estará en la nuestra, y su cabeza reposará en la almohada con la infinita paz que sobreviene al amor. De cualquier forma tendremos que luchar por nuestras amistades. Debemos defender el derecho a la sonrisa cómplice, a la confidencia sólo apta para damas, a la solidaridad entre hermanas ligadas por el común destino de ser mujer y una eventual historia de estar casadas, solteras o divorciadas. Habremos de luchar por ese sagrado derecho a disfrutar de la buena gente que enunciara Bertolt Brecht en su poema: **La buena gente se conoce en que es mejor cuando uno la conoce, porque ¿qué es lo que nos hace ser sensatos sino escuchar y que nos digan algo?**

¡No me den más recetas!

"Ganarás el pan con el sudor de tu frente", dice la Biblia. Pero se olvidó agregar: "...y cocinarás todos los días". En esa gran calamidad que es el destino femenino, lo realmente insoportable es lo segundo; porque hijos, una tiene pocos y muy de vez en cuando. Pero cocinar... ¡todos los días! Para terminar de agobiarnos los medios de comunicación ametrallan con recetas "económicas". Pido gancho, que ya es demasiado...

Desde que tengo memoria, no hay sección de cocina que se precie de tal en el país que no comience con el vivaracho enunciado: **Teniendo en cuenta la crisis y el costo de la canasta familiar... hoy le sugerimos un menú económico.**

Salvemos de esta regla a la inefable doña Petrona, que siempre dio recetas como para la Farah Diba, y a mi admirada Blanca Cotta, y aceptemos que el enunciado tiene su parte seductora. Después de todo siempre estamos en crisis, y la culpa de que dure desde que mi abuela era chica no tiene por qué recaer sobre las amanuenses de las secciones femeninas.

Veamos entonces las sugerencias para el menú económico. La primera indicación suele decir: **Revise su heladera, pues le proponemos hoy un plato elaborado con sobrantes y mucha imaginación.** Corro a la heladera y encuentro que sobra un piolín de salame que olvidó deglutirse la bestia menor de la familia, una aceituna más reseca que la momia de Tutankamón y la botella de lavandina que mi hija guarda en la heladera por motivos que me serán por siempre misteriosos.

Releo la receta y la palabra "imaginación" resalta como una orden imperiosa. Reconozco que no se me ocurre qué hacer con estos elementos, salvo atar la aceituna con el piolín, remojar todo en lavandina, escribir en un sobre "Sr. juez" y tragármela.

Pero no desesperemos, porque la escriba no nos deja totalmente librados al azar de nuestras penurias y animosamente prosigue con su receta: **...pique ese blanco de pavita que le quedó de ayer** (¡no me diga muchacha...! si la última vez que vi un blanco de pavita fue para el casamiento de mi sobrina menor, allá por los años '60). En el dilema miro la esponja con ojos codiciosos y me pregunto si bien picada podrá parecerse a un blanco de pavita. Melancólicamente me respondo que la ciencia no da para tanto, y prosigo con la receta. **Mézclele dos tazas de salsa blanca** (bue, eso ya es más fácil) **y agréguele tres cucharadas de alcaparras** (¡la que te tiró! ¿y si reemplazo las alcaparras por la aceituna fósil?), **luego seis huevos, un golpe de horno y el detalle final: desmolde en una fuente y acompañe con palmitos trozados, corazones de alcauciles, champiñones y un ramito de perejil.** Debo reconocer que el perejil es gratis. Más aún, si en un arranque de ingenio conseguimos reemplazar los champiñones por fósforos, las alcaparras por pasas de uva y los palmitos por palillos, sin duda obtendremos un menú realmente económico.

Sin embargo, en el rubro cocina lo peor está por verse. Son aquellas recetas que incursionan en la historia mezclando alegremente el rábano con las guerras púnicas, o en las ciencias naturales, juntando la botánica con el atún. ¡Auxilio...! No es que una se niegue a saber que el "nasturitium armoracia" o "armoracia rusticana" se origina en Europa centro-oriental, ni que fue utilizado por los griegos mil años antes de Cristo. También es francamente ilustrativo informarse que los británicos, antes de la llegada de los romanos, ya usaban este producto en ensalada o para combatir el sinapismo. Pero sucede que luego de haber acopiado tan preciosa información, al concentrarnos en la receta propiamente dicha se nos ordena **comprar** el rábano en cuestión.

Nada más lamentable que ir a pedir al verdulero, joven fornido y poco amante de las letras, que nos provea de un... **¡rábano rusticano!** ¡Qué va! Si el mío hasta creyó que me le estaba tirando un lance...

En síntesis: de las recetas de cocina sálvame Dios, que con la prepizza me las arreglo bárbaro.

Comprando vaqueros

Esos horrendos lugares llamados **vaquerías** *suelen cumplir con dos requisitos: ser "unisex" y tener probadores separados por cortinas, donde difícilmente quepan, simultáneamente, una dama y su trasero (si se trata de un trasero ponderoso, que de eso se trata).*

Ambos detalles conducen a una promiscuidad sin atenuantes, con claras desventajas para las mujeres: a los hombres hay poco para mirarles, y no están expuestos al ridículo como nosotras. Hay algo admirable en la rapidez con la que un varón se prueba una ropa, se contempla austeramente y pega la retirada. Nosotras, no. Desde lejos puede apreciarse si en el sarcófago vertical del probador hay una fémina: cortinas que se agitan, pedazos de persona que se asoman, gritos y jadeos. Tal vez la explicación a esta inconducta resida en que necesitaríamos un lugar no menor que una cancha de paddle, o que somos particularmente fóbicas a los sarcófagos, o que no nos basta el espejo sino que dependemos (y abominamos) de los consejos de la vendedora. Sumemos, además, que nos ponen nerviosas los varones que se están desnudando al lado (aclarando que no tenemos nada en contra de un varón desnudo... con mejores intenciones) y que nos notamos un poquitín histéricas suponiendo que nos ven en la oprobiosa circunstancia de estar metiendo panza.

¿Dónde estás, talle de mi vida?

Cualquier persona entiende que el tamaño de un pantalón debe ser, simplemente, **el que nos quede cómodo,** pero esa lógica no rige para las mujeres.

Siempre debemos comprarnos un pantalón **que no nos entra,** porque el que **sí** nos entra, después **se estira.** Acomodarse una misma, sus rollos, la panza y la papada en estos potros de tormento, requiere no sólo de una alta dosis de masoquismo, sino de los transpirados esfuerzos de la vendedora, la compradora, alguna que otra clienta solidaria y la mirada asombrada de los varones (si los hubiese).

Si te apretás un poquito, sube, es la consigna. Que no sería mala si no fuera que una ya ha comprimido la glándula pineal y aún faltan cinco centímetros para poder cerrarlo. **Por favor, dame otro,** gemimos vencidas. **Acostada seguro que te entra,** insiste la vendedora. ¿Pero cómo acostarse dentro de un probador?

En mi caso particular, me los llevo a casa y por la noche mi marido me hunde una rodilla en el estómago... y sube (el pantalón, no mi marido, porque estas escenas deterioran seriamente el erotismo matrimonial; en "Nueve semanas y media" no ocurrían cosas así).

Tengo una amiga que se acuesta ahí mismo, en la tienda. Sus piernas atraviesan el pasillo, entran en el probador ajeno, pero ella sale hecha un diosa con el culo bien para arriba.

Y ésa es la cuestión. Truman Capote decía que en las víboras y en las mujeres lo último que se muere es la cola... ¡pero hay supervivencias que cuestan la vida!

Las vendedoras

• **Estilo "yegua":** Usan un lenguaje que omite los finales de cada palabra, como si el esfuerzo de pronunciarlas no estuviera dentro de sus funciones. **Tom... prob...,** debe traducirse como: **Tomá, probate.** Esa parquedad tiene su correlato en la brusquedad de sus gestos: si consiguen amoratarnos un ojo tirándonos el pantalón a la cara, su día estará salvado. Una esquiva la prenda como puede y descubre que le queda grande, chica o como sea, pero jamás bien. Observemos ese penoso momento en que una está con los pantalones a media asta esperando que la yegua se asome (cosa que no hace). Veamos ahora cómo nos los arrancamos y abrimos la cortina casi en bolas e indignadas, para tropezar con la mirada de un varón. Corremos frenéticamente la cortina y asomamos sólo la cabeza para gritar... cuando la muy maldita hace su displicente entrada, retira el pantalón, nos revolea otro que, por supuesto, también nos quedará mal, y así hasta que nos demos por vencidas y huyamos

• **Estilo "vender o morir":** Claro, estas vendedoras nunca mueren. Si la prenda es tres talles más grandes, procurarán convencernos de que en realidad **parece que están por engordar** (malditas sean), o que **es la moda,** o **te hace más joven,** o **te va a**

quedar fantástico con estas remeras que están de última. Hay que tener un corazón de acero inoxidable para no salir con un pantalón de Gabi, Fofó y Miliki haciendo juego con una remera que le quedaría grande al Hombre Montaña. Y tal vez, en sus arrasadoras euforias, terminemos por cargar con dos o tres porquerías más, que lamentaremos para siempre.

Ella, "la extraña dama", confeccionará la factura correspondiente. Y nosotras, que teníamos antojo de facturas, lo pensaremos dos veces... ¡No vaya a sucedernos, que el bendito pantalón nuevo (ése que no nos entra), finalmente **no nos entre...!**

Con el "sexo fuerte" mejor la eutanasia

Cualquier mujer que haya conocido un varón, sabe de sus costados gratificantes y del anchuroso mar de sus defectos. Cuéntese entre ellos ese tembleque de la hombría, ese estrepitoso desplomarse de la virilidad que les acontece cuando se enferman. Quien deba soportarlos en ese trance puede llegar a pensar, con legítimo rencor: ¡má' qué médico! ¡Qué alguien me lo saque de encima!

–Difícil es percibir la grandeza de un hombre que está demasiado próximo –reflexionaba el emperador Adriano, según la pluma de Marguerite Yourcenar. Es de lamentar que la miseria de un hombre, muy por el contrario se nos muestre en todo su esplendor bajo la forma de un pañuelo mocoso o estertores de agonía por un panadizo. Quiero decir, bajando el nivel de tan prestigiosa cita, que un varón enfermo es uno de los espectáculos más bochornosos que puede brindar el género humano en su versión masculina. Clara muestra, por lo demás, del por qué los hijos los parimos nosotras: Madre Natura cuida de la continuación de las especies. Sin embargo, para aliviar el tono bilioso de estas consideraciones, ha llegado el momento de aclarar que **no todos** los varones son una infamia a la hora de enfermarse. Hay algunos que tienen la delicadeza de morirse fulminados por un rayo. Pero claro, los rayos no andan cayendo por doquier, salvo en lugares tan exóticos como Ruanda, que queda demasiado lejos.

Pese a todo lo anterior, intentaremos establecer algunas categorías que, no por acientíficas, son menos válidas.

Los vení, mimame

Hay algunos varones virulentos, de pelo en pecho y colmillos de primate, que despliegan en la vida cotidiana el humor de un caballero del Cromagnon que ha sido pisado por un dinosaurio. Digamos que hacen del joder una verdadera profesión de vida. Son los que gritan por el dentífrico, el peine, las cuentas, la luna en cuarto menguante y el aliento del gato. Pero es de ver a uno de estos especímenes en cuanto el primer bacilo se les aposenta en la pelambre. Allí mismo se derrumban cual mocosos corderitos y en un ataque de regresión indigna claman por... **¡mimos!**

En general, a este tipo de jóvenes una tiene ganas de acogotarlos aunque resplandezcan de salud; ni qué decir lo que pueden desatar en nuestros corazones, cuando de buenas a primeras requieren **¡cariñitos!**

Son como un clavo transformado en chicle, pero en chicle muy mascado, de esos insoportablemente pegajosos que una no sabe dónde tirar para no agredir a la ecología.

Así es que miramos con angustia al chicle-varón gimoteante que reclama ternezas haciendo uso del peor de los chantajes; porque si está realmente enfermo, ¿será del todo cristiano mandarlo a que lo mime la puta madre que lo parió? Finalmente se opta por no meterse con el pasado de la suegra (que un gesto de amable amnesia no se le niega a nadie) y, tal vez, nos encontremos mimándolos, mientras por dentro les juramos la vendeta: **¡dale, ponete bien, que después te depilo con una tenaza!**

De cualquier forma, ellos obtienen durante la enfermedad su cuota de ternura aunque sea condimentada con veneno... Total, el veneno hasta los engorda.

Los hipocondríacos

¡Piedad para nosotras! ¡Sálvanos Alá de estos varones que se ponen maravillosos inventándose cuanta plaga anda suelta! Para ellos toda tos es tuberculosis, toda roncha es un cáncer y todo panadizo una gangrena. En verdad son tan aspamentosos que cualquier mujer que los tome en serio más de tres meses es muy poco sensata. Pero como la sensatez no es una de las virtudes que nos caracterizan, algunas cargamos con estos nabazos durante años.

Con gran desgaste emocional e igual dedicación, los vemos revolcarse al borde de feroces agonías, siempre con diagnósticos terminales, para resurgir con la frescura de un lirio al amanecer.

Estos ejemplares funcionan con sus propias pilas, pero se activan en la rivalidad. Haga usted la prueba de despertarse un día afónica y verá cómo a la nochecita él ha quedado mudo. Si usted empeora, **él se transformará en sordomudo.** Y si usted no mejora, seguirá avanzando en sus dolencias hasta quedar **ciego y paralítico.**

Es que para un hipocondríaco no hay nada más amenazante que un enfermo. En tren de competir, parecería que pueden hasta llegar a morirse. Pero en verdad no hay que preocuparse: los hipocondríacos jamás se mueren de sus inventos. Tal vez terminen aplastados por un tren a los cien años, después de haber enterrado a toda la familia. O tal vez sean inmortales.

Presentan frente a los demás casos la ventaja de que no requieren preocupaciones puntuales. Con que una viva "medio" angustiada les alcanza. Pero el día que usted se haya cansado de angustiarse, cambie de ejemplar. Quizá la indiferencia sea algo que en verdad los liquida. ¿No es tentador probar?

Los escandalosos

Esta clase de varones no es de enfermedades frecuentes, pero ¡Jehová nos mantenga lejos cuando sucede! Acude a mi memoria una historia personal que casi terminó en divorcio con tiroteo de sueros.

Era un julio como aquellos que cada cordobés lleva en la memoria, y el hombre que amo y la que suscribe, abatidos por una exótica cepa de virus, tiritaban al unísono con cuarenta grados de fiebre, bajo las frazadas. Luego de tres días de tembleques, quizá hartos de acarrear bandejas a la cama, mis hijos decidieron llamar al médico y el médico nos fletó a un sanatorio a hacernos una radiografía. Allí partimos, apoyándonos mutuamente en un dificultoso jadeo. Y en el mismo momento del ingreso, el muy marrano cayó desmayado a los pies de una enfermera. No sé si ustedes conocen esa manía médica, pero entre una persona que permanece dignamente de pie mientras se le vuelan los sesos de fiebre, y otra que, con total falta de pudor, se desmaya, siempre eligen al desmayado. A él lo levantan del piso, le toman la presión y por las dudas lo internan y le enchufan un suero. ¿Y qué hacen con una, que sigue entrechocando dientes? ¡Pues nos mandan a comprar remedios, tramitar obra social, traer ropa y efectos personales y muy en particular no molestarlos con una gripe de pacotilla!

Cuando descubrieron que el moribundo no tenía un carajo le dieron de alta y lo mandaron de vuelta. ¿Y mi gripe? ¡Adivinaron! Estuve tan ocupada en atenderlo que me curé sola. Del episodio guardo un profundo resentimiento y una pequeña moraleja: el que se desmaya primero, gana. Tal vez, volviendo al emperador Adriano, haya que invertir otra de sus reflexiones: **La ver-**

dad es siempre un escándalo. Porque en estos casos, el escándalo se transforma en la verdad. ¿Dónde habrá que ponerles el termómetro a estos señores?

Los héroes

¡Amalaya con esta recua! Enemigos jurados de Hipócrates, se resisten a los médicos y llegado el caso se autorrecetan y se curan el empacho con anticonceptivos o el pie plano con gárgaras de mentol. Tal vez valga aclarar que los médicos no son el gremio que me inspira la mayor confianza: pero en caso de enfermedad, creo más oportuno acudir a ellos que a un arquitecto. En tren de aclaraciones, también me importa un bledo la salud de los que se resisten a llamarlos. ¡Qué cruz es cargar con ellos! Son los que nos sumergen en estado de desesperación culposa. Tendidos en la cama, recrujen de sus dolencias, mientras gritan: ¡El médico no! ¿Y entonces quién? –se pregunta una–, mientras mira desconsolada el espectáculo. Es el momento de recordar la antigua medicina familiar y, desdeñando los antibióticos preparar té de barba de choclo si calculamos que se trata de los riñones, anís estrellado si es la panza, miel con limón para la garganta y un serrucho para la cabeza.

Es de no creer pero estos señores reacios a los galenos se consideran el colmo de lo macho. Ruego a ustedes me dispensen de opinar.

Los castradores

Este tipo de machito pertenece a los que no soportan que, habiendo su majestad estornudado, el mundo siga andando. Obvio es que su mujer, la víctima que los atenderá, encabeza, por esta única vez, las prioridades de su mundo. Es que esa almita santa será la encargada de prepararles la compota, correr al médico, comprar los remedios, alcanzarles el diario, cambiarles las sábanas y arrear sola con todo el trabajo de los chicos. Para semejante despliegue de actividades, como queda en claro, se necesita salud. Y eso, precisamente, es lo que no pueden tolerar.

Si la mártir en cuestión despliega la vitalidad que la emergencia exige, dejarán oír su voz empastada de recriminaciones que pueden venir enmascarados con un: **¿En serio te sentís tan bien?.** Y ese **tan bien,** indica que, si fuéramos buenas personas, nos tenderíamos a compartir su agonía, moco a moco, chucho a chucho y jarabe a jarabe.

Sin embargo, nada más falaz que este animalejo, porque el mismo énfasis que pone en acusarnos de buena salud se tornará en ira si por casualidad nos enfermamos. En el acto, los tantos quedarán planteados así: **Si yo toso estoy enfermo, si tosés vos, sos una hincha pelotas.**

¡Que los entienda Mongo y los curen en el loquero!

Resumiendo: de un varón en la cama, si no es para nuestra diversión, ¡sálvese la que pueda! Salud.

Chifladuras femeninas

*Qué es una mujer es un dilema que desvela a los propensos al insomnio. Sin embargo, al margen de toda filosofía, hay cosas que **sólo** hace una mujer. Aclaro que el listado es asaz prosaico, sin más vuelo que este diario vivir, que de lírico tiene poco. Tómese la presente como meros apuntes de los arrabales de la femineidad.*

Las ecónomas haciendo economía

No ocurre todos los días. Responde a ataques, improntas o paranoias económicas, pero todas, en algún momento, decidimos hacer economía con resultados catastróficos.

Es el momento en que vemos la palabra **¡oferta!** y cambiamos el champú habitual por uno que **contiene el doble y cuesta la mitad.** Rápidos cálculos nos indican que, gracias a nuestra genialidad, la familia se lavará la cabeza por meses a un costo irrisorio. Los vapores de la euforia duran hasta descubrir que el bendito champú **huele a perro, sabe a perro** y que hasta el perro más ordinario nos mordería la mano si intentáramos lavarlo con él. La familia, lamentablemente, siempre menos bondadosa que el perro, **muerde.** Siendo evidente que nadie lo usará, para tranquilizar ánimos y cabelleras habrá que comprar el de siempre. **¿Qué haremos entonces con esos dos litros de Gamexane?** Tirarlo, jamás. Obsequiarlo a nuestra suegra es ofensivo, y además la vieja ya está bastante pelada. Pues allí quedará como infame señal de que en los raptos de economía somos temibles.

Otro rubro interesante son **los cosméticos.** Basta una vendedora hábil y una buena promoción para cargar con un rimmel que a la noche tendremos que sacar del ombligo, o cremas de limpieza que nos dan psoriasis, o lápices de labios que se derriten, o... la lista es interminable, pero si alguna vez no le ocurrió siendo usted mujer, comience a dudar de su identidad sexual.

¡Oh, las recetas!

Es también parte de ese costado ininteligible de la condición femenina: **pedir, guardar, canjear o recortar recetas de cocina.** (Las que nos gustan, se entiende.)

Aun entre las intelectuales, que han dejado su huella en la literatura, aparece el rastro de esta extraña manía. **Alejandra Pizarnik,** por ejemplo, llegó a hacer comidas disparatadas para sus amigos por lo que, descuento, pidió alguna receta. **Virginia Wolf** estaba atenta al color de las ciruelas. **Colette** registraba gozosa los placeres de la buena mesa. Bajando de las altas cumbres recuerdo a una amiga, ídola entre nosotras, que llegó a los cuarenta, con marido y dos hijos... **¡sin saber prender el horno!** Sin embargo, luego de una cena en casa ajena pregunta infaltablemente: **¿Y esto cómo se hace?** Se lo decimos con una sonrisa pese a que todas sabemos que en su lacaniana vida se pondrá a cocinar.

Personalmente, desde hace años recorto todas las recetas que me gustan y jamás me desprendí de la primera edición del libro de doña Petrona, que suma la mayor imprecisión con gastos escandalosos. Toda destartalada y envuelta en mil bolsitas, ha durado en mi biblioteca mucho más que la obra de Girondo. Lo curioso es que esta devoción teórica difícilmente tenga un correlato práctico pues, por suerte, se han inventado las hamburguesas, las salchichas y otras basuras precocidas, a las que las maníaticas de las recetas adherimos a la hora de los bifes... literalmente hablando.

La ropa absurda

Cuando una computadora tiene un accidente interno puede borrar su propia entraña. Cuando esto ocurre en el interior de una mujer, la cuestión adquiere la forma de **una pilcha desquiciada.**

Por suerte, para que esto acontezca se necesita una mezcla exacta de plata con locura desatada; y aunque la locura abunda, la plata no. Sólo esto nos salva de ver hordas de mujeres disfrazadas cual si hubieran abierto las puertas de los manicomios. Es que hay un instante en que daríamos la vida por una pilcha que en ese fugaz momento nos parece esplendorosa. En ella refulge todo el **sex appeal** que nos falta, escasean los años que nos sobran, pensamos que nos volverá arrasadoramente elegantes, disimulará los rollos, exaltará nuestro trasero y que bajo su mágico hechizo hasta nos crecerán las lolas.

Rumbo a casa, con la prenda bajo el brazo, comienzan a flaquear nuestras certezas. Al entrar, estaremos en la más sombría de las dudas. Al probarla, tendremos ganas de llorar, y la familia gritará: **¡¡¿Qué te agarró?!!**

No hay respuestas válidas. La penitencia será colgada durante años, mientras nos corre un lagrimón de desconcierto. Y allí está, cual lastimosa confirmación de nuestra locura espasmódica. **Ridícula** como madrina de boda, **procaz** como piropo de borracho, **incomprensible** como argentino optimista o, si ustedes prefieren, **enigmática** como, dicen, somos las mujeres...

Elogio de la telenovela

Aterricé en "El derecho de nacer" la primera vez que estuve "desocupada".
No sé si ustedes conocen esa sensación de ser un sobrante de la humanidad, que ha quedado al margen de todas las mareas cuando los chicos y el bienamado han partido hacia sus ocupaciones al grito de "Chau, vieja" o "Chau, amor". Y ahí se queda la "vieja-amor", sola con sus soledades, tratando de hacer algo, con la conciencia que no tiene "nada para hacer", porque ya fregó todo.

Primero releí aplicadamente "A la búsqueda del tiempo perdido". Acometí luego con "La educación sentimental" y hasta (así de largas son las horas) con "Los misterios de París", insoportable novelón de cuyo prestigio oí hablar en la facultad. La neura crecía mientras yo conversaba con las plantas que apartaban aburridas sus hojas; cuando he allí, ¡gloria y loor! en mi desquiciada vida entraron las telenovelas.

No recuerdo por qué prendí el televisor aquella tarde, pero ahí estaba en todo su esplendor: Verónica Castro y sus muchos padeceres, y allí quedé fijada durante los ocho mil meses que duró la novela.

Al principio (frívolo es mi corazón), la miraba haciéndome la sobradora y hasta llegué al sacrilegio, del cual me arrepiento, de considerarla como el mejor programa cómico de la Argentina (los esfuerzos de la protagonista intentando hacer de virgen con semejantes tetas siempre tuvieron un toque desopilante).

De ahí en más pasé a un análisis psico-sociológico de la obra. Examiné los mitos arquetípicos, las relaciones edípicas, los incestos encubiertos, la lucha de clases, la condición de la mujer, el machismo. En fin, la lista era interminable. Tanto que esta fulana corría al televisor a las tres de la tarde con la misma frenética puntualidad que hubiera puesto otrora en una cita con el mejor amado. Pero en casa, la historia de la sociología ya no me la creía nadie y menos lo del programa cómico... ¡si lloraba como una huérfana!... Lisa, llana, vergonzosamente, me gustaba. Cierto es que mis opciones por aquel entonces no eran muchas: o encerar el bidet o ver a Verónica Castro perder su virgo y pelear con su papá. Sin embargo, esa es la explicación más fácil, y las explicaciones fáciles nunca me han seducido. Algo había de mágico en ese puré de cursilería que llegaba directamente a mi corazón (o lo que tuviese en su reemplazo por esos aciagos días).

Qué tiene ella que no tenga yo

Tratando de descubrir ese "algo mágico" noté –por ejemplo–, que si bien la protagonista era infinitamente más desdichada que yo, **se divertía horrores.** Decidí entonces comparar nuestras infraestructuras existenciales:

1) En primer término ella tenía un padre de rancia estirpe quien se pasaba el día hablándole de su honra y de su virgo. Lo comparé con el mío, tierno polaco sin más prosapia que su tesón de inmigrante y que jamás me habló de esas cosas tan complicadas porque quizá no las sabía decir en castellano (o habrá sido de distraído).

2) Poseía, además, la heroína, una hermana envidiosa y mala que la enemistaba permanentemente con su enamorado. ¡Qué viva! Yo sólo tengo una hermana que me leía cuentitos por las noches.

3) Contaba la muchacha con una mucama negra que le decía "amita", lista para cualquier servicio; mientras en casa, con una suerte de socialismo intuitivo, la vieja nos obligaba a tratar a toda empleada de "usted" y a lavarnos nuestras bombachas.

4) Y dominando toda la vida de esta chica estaba "EL", lleno de dientes blancos pero con el alma negra y que en una noche cerrada la llevaría a la caballeriza donde ella perdería el virgo y además quedaría embarazada. Otra crítica mirada sobre mi vida me bastó para desnudar su pobreza: ¡Nunca tuve una caballeriza a mano para esos menesteres! Nunca un galán con semejantes dientes. Y, para colmo, mi hija vino a nacer a los dos años de casada después de que mi papá me llevara de blanco hasta el altar.

A poco de comparar descubrí que toda mi vida –no sólo esos meses de desocupada– había sido una pálida sombra, sin ruidos, ni cáscaras ni nueces. Un largo bostezo y nada más. Sin embargo, por esa ventanita, de tres a cuatro de la tarde, se me dejaba colarme, soñar y nadar en esa esa historia que yo hacía mía, moco a moco y suspiro a suspiro.

¿Qué tienen las telenovelas que no tenga mi vida?

Lamentablemente, después de la primera telenovela una aprende.

Lamentablemente, los guionistas no. De tal suerte se descubren las fórmulas para construir un novelón con ráting, que pueden resumirse así:

a) En toda novela es necesaria una señorita –la HEROINA– que puede ser: excesivamente pobre (terminará rica), ingenua (terminará escéptica), casquivana (terminará santa) o rica (y terminará como pueda).

b) Un joven con buen físico (el GALAN) que puede ser: lindo y tímido, lindo y malo, lindo y pobre. Pero cualquiera que se elija, todos terminarán con la protagonista. Las historias de amor son como los carozos de las aceitunas: bastante parecidas entre sí, pero únicamente en una telenovela, un conflicto que en la vida real se resuelve en dos días, puede llegar a cinco años o más. Volviendo al ejemplo, el carozo toma la dimensión de una sandía.

c) Otro personaje esencial es el "buen amigo de él" que terminará siendo el buen amigo de ella y, finalmente su ardiente y desahuciado enamorado. Como la cámara no lo enfoca todo el tiempo, queda librado a nuestra imaginación cómo desahogará tanto fuego, dado que ella siempre le dirá: "No".

d) Suelen abundar también los paralíticos u otros enfermos de cualquier tipo, y sobre este bastidor de fondo se alza el telón.

Los mecanismos del drama propiamente dicho se asemejan a los de Sófocles en que ambos, sospecho, se escribieron sobre papel. De allí en más, el diálogo de la telenovela se basa en la intrascendencia más absoluta, con algunas regiones tabúes: por ejemplo, nadie va al baño (para ir al baño está uno, de este lado del televisor).

Puestos los personajes en acción, los dos protagonistas se enamoran en un tiempo muy razonable. Luego, con la audiencia debidamente interesada, comienzan los padeceres. Finalmente, cuando el guionista comienza a quedarse sin recursos (digamos al segundo capítulo), vienen los "estiramientos".

Ocurrido un hecho que una ha podido ver en todos sus detalles, éste es contado por cada uno de los protagonistas (del hecho en particular y de la telenovela entera en general) a todos los demás. Por teléfono, cheek to cheek... como sea. Pero hasta que todos se lo han contado a todos, la novela ha ganado, por lo menos, una semana.

Para explicar otros recursos que hacen a la maestría de la

trama, hay que saber también que todos los protagonistas manejan por lo menos dos espantosos secretos de los demás, que siempre están a punto de contar.

Esto es muy útil para terminar un capítulo, pues con tanto misterio dando vueltas siempre cuadra una llamada telefónica en que se diga: "¿Fulana? Tengo que decirte algo..." (esfumado y musiquita de "hasta mañana").

Al día siguiente se retoma el diálogo con cualquier pavada que no es el secreto, y todos quedan felices, menos la que mira el novelón.

Como dato final de ese resplandor incesante que nada tiene que ver con nuestra opaca realidad, cualquier novela que se precie debe incluir un padre, madre, hijo o hija debidamente perdido y encontrado (los abuelos y las abuelas son material de segunda). En síntesis, señores, desafío a cualquiera de vosotros a que me cuente un currículum la mitad de apasionante que esta ventana de vida. Segura estoy que todos tenéis o habéis tenido padres, y que en caso de tener hijos no sólo no los han perdido jamás, sino que no sabéis ya qué hacer para sacárselo de encima.

Rematemos entonces reafirmando la herejía inicial: adoro las telenovelas. Lo demás es sólo opaca ñoñería.

El delicioso arte de pelear

Coincidamos en que una familia "en serio" es un formidable caos. Generalmente las banderas de esa macumba las llevan los cónyuges, y se ejerce a través de preciosas peloteras. Mal de muchos, consuelo de casados. ¿Usted, cómo riñe?

Para pelearse se necesita un mínimo de dos personas; y para que la pelea fructifique, engorde y se embellezca a lo largo de los años, es menester que esas personas estén mucho tiempo juntas. Para esto, **nada mejor** que **un buen matrimonio**.

Dentro de los límites de este aquelarre, cada pareja elige el modo de hacerse pedacitos que más la gratifica. Define su "fixture", acomoda su tiempo y hasta se encariña con un lugar: sé de parejas que sólo pelean en la pieza, de otras que sólo lo hacen en el baño y de otras que no abarcan el planeta entero sólo por falta de recursos para desplazarse.

Y ahora, con el mayor de los respetos pasaremos a una científica descripción de esta extraña manera de amarse.

Los folklóricos

Una pelea folklórica es aquella que tiene siempre el mismo punto de partida, un idéntico recorrido e igual sitio de llegada (como el colectivo 115, pero más movidita). He aquí, dos de las formas más comunes.

1 – Preguntar algo con malevolencia, dado que ya se sabe la respuesta:

–¿Tengo lavada la camisa a rayitas?

–Claro que no..., pero tenés las demás –ella ya tiene hinchada la yugular.

—Sólo necesito la celeste... –dice él, con cara de haber encontrado un tampón dentro del zapato.

—Te la sacaste ayer, y no tuve tiempo de lavarla –acentuando esto último, para refregarle a él lo mucho que trabaja–. **Elegí cualquiera.**

—¡Cómo voy a elegir cualquiera, si las demás me las compraron vos y tu hija, y todas me quedan chicas! –él ya está retobado; "nuestra" hija ha pasado a ser "tu hija", y al tañir de una campana invisible ha comenzando el round.

—¡Con mi hija no te metás, y conmigo menos! –con voz de mártir– ¡Eso nos pasa por regalarte cosas!

—Je, ya sé dónde me compran los regalos, en mesa de saldos y desperdicios...

—¡Ma sí, desperdicio será tu...!

La discusión sigue el mismo vuelo rasante. Las paces se hacen más tarde, pero el combate continuará al día siguiente, idéntico. Siempre idéntico.

2 – Rectificarse mutuamente lo que cuentan ambos, delante de terceros:

—¿Saben una cosa increíble que nos pasó el martes, cuando íbamos para casa?

—No, no fue el martes, fue el lunes... –salta ella.

—No, amor, fue el martes, si el lunes yo volví solo a casa...

No hace falta más. Ya están trenzados acerca de si fue el lunes o el martes, camino a casa o rumbo a Namibia. Y si el suceso fue **increíble o no tanto.** En síntesis, los terceros que escuchan se quedan con ganas de saber qué pasó y con un profundo deseo de ahorcarlos a ambos con una media.

La pelea con chasquis

1 – Los chicos como mensajeros:

—¿Le decís a tu padre que me alcance la sal...? –el padre está sentado a treinta centímetros de ella, tratando de digerir una comida que a todos les sabe a cianuro.

—**Decile a tu madre que mañana viene tu abuela** –dice él refiriéndose a su propia madre, quien irrita profundamente a su esposa, sobre todo cuando "viene".

—**Avisale que hoy vence la boleta del gas...** –dice ella al bebé, quien no tiene idea de lo que es "el gas" ni la boleta.

En fin, una variante familiar del juego del **"teléfono descompuesto"** en el que los chicos (si no son internados y pese a los años que vivirá a costa de ellos el analista), se las ingenian para sacar partido de la situación, conseguir permisos jamás concedidos antes y enriquecer sus bienes y haciendas materiales.

2 – Los terceros tomados como jueces:

–Mirá, ¿qué te parece?, yo le digo a ella que le quedaba mejor el pelo largo... –él, dirigiéndose a un tercero, en una cena.

–Decile que sí, porque te va a volver loco, como a mí, porque no entiende que el pelo es mío y me corto como quiero... –ella, al mismo tercero.

–Ya sé que el pelo es tuyo, pero cuando yo te conocí...

–Cuando me conociste yo era una boluda y estaba pendiente de todo lo que me decías y...

¡Listo! El enfrentamiento crece, se sacan más trapitos (¡frazadas!) al sol, y pueden remontarse a lejanísimas épocas o a confusas historias en las que ella, al parecer, **"chocó por tercera vez el auto"** y por ende es una burra, o él **"desaparece los sábados"**, con lo cual además es un hijo de puta.

Furiosamente buscan un juez que les dé la razón. Y es inútil mediar entre ellos, pues a esa altura son tan fáciles de apaciguar como cocodrilos con orquitis. Cualquier pestañeo o mínima sugerencia de los escuchas puede significar que han tomado partido, y ocasionar un despelote generalizado. A los terceros sólo les queda poner cara de dedo y lamentarse: la fiesta se hizo trizas.

Hay otro caso en que una pareja, por el contrario, busca a los terceros como público que **certifique** que su relación no está hecha pedazos. Mucho "cuchi cuchi", mucha mimoseada en la oreja, manitos agarradas... y todo el show prolijamente montado para "ver".

Sin embargo, sospecho firmemente de aquellos que con más de diez años de casados aún parecen descosidos por la flecha de Cupido. Cuando mi olfato de sabuesa vejancona y malévola ha olido cuernos, más de una vez me he agachado hacia el piso como buscando una cuchara (soy chusma además) comprobando que "ella" tan tiernamente aferrada a su marido en la superficie, refriega amorosamente su rodilla contra la rodilla de **otro**, y versa la vice. Así, mientras una se ve obligada a escuchar aburridos relatos donde **ella** cuenta cosas maravillosas de **él**, o **él** hace la apología de los encantos y cualidades que adornan a **ella**, debajo de los manteles está la verdad.

En un concurso de silla eléctrica no sé a cuál de todos los descriptos enviaría primero.

¡A las manos!

Hay otro grupo de peleadores. Los que **"no nos enojamos nunca"**.

No nos enojamos nunca, pero una vez soltado el indio, estamos a un paso de ser titular de cualquier página policial.

El "por qué" puede lindar con la más pura comedia, pero lo

que interesa es el cómo. Y aquí debo ponerme un tantillo didáctica para con todos aquellos que participan de este deporte: un manso enojado tiende a irse a las manos en el acto. Desaconsejo el sistema del sopapo porque hacer doler no es, en verdad, el objetivo. La finalidad es descargar la furia y para esto nada mejor, según me consta, que una buena "arrojada". Permítanme el empleo de este barbarismo que básicamente consiste en tirarle al otro por la cabeza todo objeto que pese menos de cinco kilos y posea una apropiada densidad (los acolchados, por ejemplo, no sirven).

Aunque así enunciada la cosa pareciera sumamente sencilla con los años llega a perfeccionarse hasta convertirse en un verdadero arte. Y sin recargo alguno van algunos consejos:

Lo que se puede tirar al otro por la cabeza:
Son altamente recomendables:
    a) Los ceniceros.
    b) Los llaveros, de cierta consistencia.
    c) Las carteras de todo tipo.
    d) Jarras para servir agua (con agua).
    e) Zapatos (sobre todo los de taco aguja).
    f) Animales domésticos que una **pueda agarrar** (suelen dispararar a tiempo).

Lo que no debe tirarse al otro por la cabeza:
    a) Vasos, platos o floreros (primero, porque es engorroso recoger los pedazos y segundo, porque reponerlos sale un ojo de la cara).
    b) Cuchillos, sacapuntas o cualquier objeto cortante (los varones son tan inútiles que hasta pueden clavárselo y todo).
    c) Un niño (porque es muy poco maternal).

El episodio finaliza a moco tendido, con lo que se neutraliza cualquier reproche. Los hombres no saben qué hacer con una mujer llorando y en ese desconcierto siempre les ganamos.

Con los nervios ya calmos viene la reconciliación, que es en verdad la parte más linda de toda la pelea. Para quienes no deseen aumentar la familia se recomienda especiales cuidados, pues he visto nacer los bebés más hermosos nueve meses más tarde de un zapatillazo.

Para finalizar, recomiendo no desesperarse. Porque en esta extraña comedieta de amarse, una pelea es al amor lo que las alas a un pájaro. Rubén Darío lo dice mejor: mis disculpas.

Los consejos para ser "una mujer actual" me vuelven loca

Creo, con mediana convicción, que las mujeres somos seres humanos; y en tal sentido, merecedoras de la misma preocupación que la sociedad dedica a los perros falderos o a la preservación de los delfines, por ejemplo. Es gratificante que esto suceda. La cuestión se complica cuando las instrucciones para ser ¡una mujer actual! nos acribillan sin la menor coherencia. Siguiendo puntualmente los consejos que nos propinan, tenga usted 18 u 80 años terminará paseando por el living, recitando cual Hamlet en camisón.

Cómo ser saludable

Según es fácil de comprobar, este momento de la historia ha entronizado la salud como uno de los bienes supremos. A diferencia del filósofo francés que aspiraba a ser feliz para estar saludable, la idea es que si nos empeñamos en ser saludables indefectiblemente vamos a ser felices. Se terminaron para siempre las lánguidas tuberculosis del siglo pasado. Ahora, señoras, **todo se cura porque en realidad** (primer mensaje) una no se enferma. **Es una vulgar cretina que somatiza.**

De tal suerte, todo lo arreglamos con un poco de buena voluntad.

Segundo mensaje: **Las enfermedades no existen pero le damos un remedio a cada una de ellas.**

Por ejemplo, si se levanta por la mañana hecha un trapo (síntoma que en otras épocas podía considerarse como anemia) ahora, amiga mía, tiene en sus manos mil recetas. Hay quienes aconsejan: **Dúchese sin bañarse** (sic), **esto le abrirá los poros y levantará su ánimo.**

Tal vez sea usted una de esas abribocas que no entienden cómo es una ducha sin baño, y para peor la depre le sigue igual. Pues bien, no me venga a mojar el hombro que ya lo tenemos todo pensado. Copio al azar algunas recetas infalibles:

¿Ha considerado sostener una larga charla con una buena amiga que pueda aconsejarla? (Ah, ¿que sus amigas andan más depre que usted?) ¡Jódase! **¿O tal vez en renovar su vestuario, que siempre resulta tan estimulante?** (¿Así que no tiene un mango? ¡Reviente entonces!) **¿Y que tal un maravilloso paseo romántico para romper con su gris rutina?** (¿Así que tiene pies planos? ¿Qué podremos hacer por usted?)

Ya está. **¡Tome flores de Bach!** Enumero ejemplos (copiando de una revista femenina):

¿Qué me dice de unas gotitas de **Centaura menor, para histéricas y seductoras enfermizas cuyo equilibrio depende de la mirada ajena? ¿O Cerasifera, que alienta a las incapaces a decidir por sí mismas acerca de sus vivencias y opiniones?** Si esto no la convence y es tan fósil que todavía cree en la estreptomicina, o si supone que de los dolores del alma se ocupó un tal señor Freud, no nos venga después a contar que tiene cáncer. Ahora bien, si en realidad lo tiene, encontrará una pequeña nota explicando su detección, extirpación y otros horrores, que termina con un final feliz (vuelvo a copiar):

Después de la mamectomía, pasó el momento de los miedos y las angustias. ¡Ha llegado el tiempo de vivir plenamente!

Si usted extraña la teta que dejó en el quirófano, pues, amiga mía, así no llegará nunca a ser una mujer actual.

Cocina y tiempo libre

Otro de los mensajes para idiotizar a la mujer actual es hacer hincapié en **el tiempo.**

El mensaje es así: **Use todo su tiempo libre para no tener el menor tiempo libre.**

De hecho, pareciera que la mayor actividad de la mujer se concentra en su ocio. Es allí cuando una debe "aprovechar" para pintar ese mueble de su abuela (en vez de tirarlo a la basura); conversar con sus hijos llegando a esa **maravillosa intimidad** (un verdadero hallazgo de rélax, sobre todo si sus hijos le cuentan que fuman marihuana o se van a la cama con el último hippie, que no usa forro). Ya que está, "aproveche" para guardar la ropa de verano, remozar los estantes, decorar con puntillas el bidet y preparar esa exquisita jalea como la hacía la nona. Y así llegamos a la cocina, donde también hay que ser **actual**, pero... (otra vez la trampa): **¡Llena de sorpresas!**

Ser actual indicaría preparar cuatro platos y postre en cinco minutos cuarenta y cinco segundos. La "sorpresa" es despacharse con un menú de larga elaboración, de esos que una mujer no tiene ganas ni plata para preparar jamás. Pero, haga lo que haga, recuerde siempre este consejo, que vuelvo a copiar devotamente:

La mujer actual no hace de la cocina su reinado. Aunque cocine, lucha por un horizonte abierto.

No tome esto tan en serio como para romper el vidrio de la ventana de la cocina con una papa. Esto no expande el horizonte y siempre, además, hay que reponer el vidrio.

Sea bella, ¡forro!

El mensaje es también aparentemente claro. Debe usted tener una nariz perfecta (o hacérsela), piernas largas y sin celulitis. Abdomen liso (quinientos abdominales por día) y tetas para arriba, o para abajo (se las levantamos en un santiamén). Con esto será una mujer **actual,** pero (aquí viene el contramensaje) si su napia tiende a la de Barbra Streissand, sus gambas son retaconas, la panza abunda y no tiene tetas ni para arriba ni para abajo, no se aflija. Ahora le hablaremos de cómo:

¡Tener estilo y alcanzar su propia personalidad que no debe ser un estereotipo pues usted es única!

Le propinamos entonces quichicientas técnicas de maquillaje que disimulen su afrentosa nariz y al mismo tiempo la exalten (por lo de la personalidad, ¿entiende?). Junto con esto le sugerimos modelos para su panza, sus piernas de buzón y sus teticas de androide. Y, siempre a módico precio, también le pasamos **Los 10 secretos de Fulana para estar hermosa.**

De más está decir que el secreto de la Fulana hermosa es tener 20 años. Pero no se desanime si supera esa edad. Ellas juran que igual da resultados. Veamos algunos métodos, también textuales:

• **Aconsejo la práctica de actividades físicas desde la infancia y durante toda la vida.** ¿Le suena a cadena perpetua? Estimada señora, si ofrece tantas resistencias no podremos hacer de usted ni siquiera una mujer. ¿Qué tal si prueba el travestismo?

• Para matizar tiene también los aceites especiales (copio) **de altísima concentración; pueden usarse para realizar masajes locales o beberse diluido en agua.** ¿Que le da asco, náuseas, espasmos vomitivos? No sea tan melindrosa. La fórmula de la belleza está en sus manos. Haga lo que le plazca, pero después no llore como hombre lo que no supo conseguir como mujer.

Sexo y mentiras

Espero que en estos años usted haya aprendido mucho sobre la sexualidad femenina. Aunque nunca lo haya podido encontrar, le informaron que existe el punto "G" (hoy pasado de moda pero jamás desmentido), y que con sólo pulsarlo se desataba las Cuatro Estaciones de Vivaldi con acompañamiento de orgasmos.

También sabe que es "multiorgásmica" y que debe disfrutar del sexo. Algunos agregan "sano", adjetivo bastante dudoso, máxime cuando se acompaña de variadas recetas para autoerotizarse, que incluyen desde el cuñado al perro. Le han enseñado, en fin, que está usted en su derecho de ser una pantera, una orquídea carnívora merecedora de todos los placeres que legítimamente le corresponden.

Pero si usted lo ha creído y ha lustrado su clítoris a la espera del Paraíso, ahora vaya bajando su nivel de exigencia y preste atención (copio):

Es falso que el orgasmo sea la condición sine qua non del placer. Su ausencia no hace que sus relaciones sean menos satisfactorias. Otra: La penetración no es la única ni la mejor forma de obtener placer. Es absolutamente falso que no hay relación sexual satisfactoria sin penetración.

Menos mal que hoy me duele la cabeza...

Avívese

Si desciframos todos los mensajes, se pueden resumir así: no se ande enfermando como una histérica, luzca siempre bien, trabaje como una yegua y si a la hora de apagar la luz no pasa nada, encienda su imaginación, pero de ninguna manera lo culpe a él... ¿Queda alguna duda de que estas consignas pertenecen al bando de los varones?

Claro que si estima su salud, si reivindica el ocio para apoliyar, y aún cree que un orgasmo con penetración mantiene en alto la sonrisa y aleja las caries, hágale pito catalán a estos consejos. Ubíquese en la premodernidad, asuma su condición paleolítica y si no es una mujer actual intente al menos ser feliz.

Los varones
son unos cobardes

Alá sabrá por qué, pero el género masculino cree que algunas virtudes que considera básicas –como la hombría– radican en su capacidad de pelear. Las guerras que adornan la historia de la humanidad son los resultados más brillantes de esta manía. Sin embargo, esa deplorable costumbre no aparece en la vida privada. Frente a una pelea de pareja, el varón se vuelve esquivo y resbaladizo y acude a cualquier treta para rehuir el entrevero. Junto con ésta, ¡marche una salida de emergencia!

A modo de circunscribir los hechos, valgan algunas precisiones: los varones **son cobardes en general frente a las mujeres**, pero esa cobardía se vuelve evidente cuando han comenzado una relación... ¿amorosa? Toda mujer tiene en su haber varias muestras de señores que, a poco de comenzar una historia de ese tipo, desaparecen sin explicación mediante. Precisamente por eso, una les deja el beneficio de la duda –acompañado de buenos augurios: **en una de ésas lo aplastó el colectivo o se desbarrancó en las vías del subte–**.

Pero si se convive con un varón, esa vocación por la huida no tiene manera de disimularse. Y valga aquí otra precisión: los varones rehuyen una pelea, **en particular cuando son más culpables que Jack, el destripador.** Un cuidadoso estudio de campo me ha llevado a descubrir que todos usan las mismas estrategias. Mañas más, mañas menos, he aquí la infamante tipología.

Vi luz y rajé

Una de las maniobras típicas de un macho culpable es intentar desaparecer. Pero borrarse de un matrimonio suele llamarse **divorcio**, y no es eso lo que quieren. Sólo aspiran a poner distancia entre ellos y nosotras hasta que la tormenta pase. Digamos tres continentes de por medio y algunas de las islas Fidji.

Supongo (¿qué otra cosa puede hacerse con las indescifrables almas masculinas que "suponer"?) que esperan se nos borre de la memoria. De allí en más procuran **no estar.**

La maniobra comienza por demorarse en sus trabajos o en bares, y hasta darse duchas de tres horas y media. Cualquier cosa, con tal de evitar un frente a frente.

Simultáneamente apelan al camuflaje social: aprovecharán la visita de cualquier amigo ante el cual saben que somos incapaces de pasarlos por las armas, para desplegar la escena: **Mirá qué felices que somos.** Haciendo caso omiso a la ráfaga freezer que les tiramos de costado, usarán la tregua para lucir mimosos, pellizcadores, tiernos. Nos embretarán en charlas que culminan en un:

–**¿No es cierto, bichi...?**

Y una deberá decir que sí, o que no, pero manteniendo incólume la cara de "bichi" mientras sofrena sus ansias de darles un puntapié en los tobillos.

Los ocupados

Otros bellacos, para no enfrentar una pelea inevitable usan la fórmula **estoy ocupado.** Y tanto pueden amurallarse tras una parva de papeles que han traído de la oficina para ese fin, como extasiarse cortándose la uña del dedo gordo del pie.

Ese "estoy ocupado" quiere indicar que en cuanto los distraigamos **con una pavada** (y siempre es "una pavada" lo que tengamos que decir), estallará la Tercera Guerra Mundial, se caerá la Torre de Pisa y las aguas del mar se tornarán en sangre.

La alternativa es escupirles los papeles, sacudirles la mano para que se corten el dedo del pie y mandar sus oscuros presagios al más diáfano carajo. Sin embargo, tampoco esta estrategia es segura, ya que con el dedo en una mano y sus expedientes en la otra, pueden retirarse diciendo con aire trágico:

–**Mirá lo que me hiciste...**

¡Como si un dedo del pie sirviera para algo! Así y todo habrán conseguido su propósito, que es dejarnos, por unos segundos, desconcertadas y hasta un poco culposas. En cuanto una consiga rehacerse se habrán atrincherado en la cucha del perro o en el lavarropas para mantener su autobloqueo por mar y tierra.

La única esperanza es que salgan para comer y... **¡He allí la nuestra!** Por si alguna dama no lo sabe, una milanesa bien atravesada en la garganta es un arma eficaz. Y hasta el puré, taponándoles las fosas nasales, produce efectos muy satisfactorios.

Los amnésicos

Estos huyen de un modo singular: se refugian en el camposanto del olvido.

–No sé de qué me estás hablando..., –responden cual si un OVNI se les hubiera posado en el cerebro antes, durante o después del episodio de la noche anterior que desató la pelea.

–Tal vez tomé mucho... –aclaran. Y una, que los conoce de naturaleza sobria y curdas alegres, intenta creer en la mentira a la par de refrescarles la memoria:

–Ayer a la noche... estabas con camisa blanca y zapatillas...
–¿Camisa, zapatillas? ¿Dónde pasó?
–En la casa de Fangulo.
–¿Quién es Fangulo?

Si el caballero es un cerdo de la mejor calaña, intentará además preocuparnos palpándose el cráneo, como buscándose un tumor. ¿Quiere un consejo?: ¡Córtele la cabeza con un hacha! Salvo por una cuestión estética, no notará ninguna diferencia.

Los sordos

Estos jóvenes, justo en el momento en que una quiere desatar una espeluznante trifulca, amanecen ¡sordos!

Con una habilidad maravillosa, pueden ver cómo se derrumba la casa (llamo derrumbe a todos los platos que somos capaz de arrojarles) y permanecer plácidos, cual si tuvieran los oídos conectados a la Quinta Sinfonía. Lógicamente, la sordera les produce mudez y terminan indefectiblemente en la ceguera. Son los más duros de pelar.

Recuerdo, al azar, cierto jaleo familiar en el que luego de romper todo inútilmente (mi marido ya había entrado en la sordera), decidí entre grandes proclamas mudarme de pieza y, más aún, enclaustrarme en ella hasta que me preguntara, por lo menos: **¿Qué te pasa?** Permanecí encerrada tres días, y al borde de morir de inanición tuve que arriar mi última bandera y aparecer en la cocina para comer, aunque más no fuera, el jabón de lavar.

El reo ni siquiera celebró mi reaparición: sencillamente, para él nada había ocurrido. Lamento confesar que entre el hambre y la bronca del cautiverio perdí todas las ganas de combatir. Fue una derrota en toda la línea de una guerra que él jamás peleó; y de eso precisamente se trata.

La mejor defensa

....es un buen ataque, dice el refrán, y están los que suelen recurrir a esta treta, de ruindad tan bochornosa que no está contemplada ni en la Convención de Ginebra.

Veamos un caso típico: ella está furiosa porque el día anterior, y en una fiesta, él se propasó con una morocha prosperosa. A la mañana siguiente, él abre un ojo y grita:

–**¿Qué tiene el gato para comer?**

Ella, a las siete, mal puede saber qué comerá el gato. El aprovecha para alborotar, patalear y vociferar que ese pobre animalito de Dios morirá de hambre, y continúa hasta merecer la medalla de oro de la Sociedad Protectora de Animales, un beso de Sarmiento y la solidaridad de Brigitte Bardot.

La única no convencida es la mujer, pero él ya ha huido a comprar al gato comida francesa que, por supuesto, no se vende en su cuadra, ni en su barrio, y quizá ni en la ciudad. Una vez más, ha ganado sin aceptar el combate. Todos estos cuadros se redondean con las siguientes exclamaciones:

–**¡Me invadís, me enloquecés, con lo cansado que ando encima esto...!,** y una cara de mártir que deja a Ceferino Namuncurá hecho un libertino.

En fin, sonrían... si pueden. Pero primero no resignen el sano instinto de vaciarles un cenicero en la cabeza.

Reavivando la pasión

Cualquier mujer que haya sobrevivido a diez años de matrimonio puede tranquilamente despertarse una mañana con una trágica convicción: el señor que duerme a su lado siente tanta pasión por ella como por el toallón de baño. Y allí, y he aquí la gran pregunta, ¿qué hacer?

Los caminos para arribar a este descubrimiento son azarosos y múltiples. Tengo una amiga que me contaba llorando cómo pasó todo un día con los zapatos de distinto color sin que él se diera cuenta. Y otra que se había patinado medio sueldo en un camisón de encaje superultraexcitante, para obtener de él el siguiente comentario: **Vieja, ¿qué tal si te corrés, que me pierdo la repetición de los goles?**
Frente a este fenómeno que sólo expresa el mayor de los desgastes, a las mujeres se les suele propinar múltiples consejos. Las viejas dicen: "resignación, total, ¿qué perdés?" (estas señoras no saben lo que pierden porque nunca lo encontraron). Por el contrario, las revistas femeninas, siempre tan "aggiornadas", nos tapan con recomendaciones que a mi juicio son tan útiles como patas de rana en el Sahara. Veamos si no.

Soluciones orto-doxas

Las recomendaciones más comunes van de afuera hacia adentro, o viceversa. Se nos incita, por ejemplo, a retocar nuestra chapa y pintura mediante cremas mágicas, maquillajes "soft" y una sarta de estupideces por el estilo. No escapa a este plan de lavado y engrase el asunto del pelo, al cual le vendría bien un corte "punk", permanentes, tinturas y otras atrocidades. Nótese sin embargo que tal cual hemos planteado la situación, es algo así como organizar un festín para un operado de úlcera. El enfermo responderá con lapidaria indiferencia, absorto como está en otro tipo de agujerito (el de su panza). Cuando se trata de un marido largamente agobiado por la convivencia, todos los intentos le provocarán cero conmoción. Lisa y llanamente, hace años que no la mira.

En cuanto a las modificaciones "internas", suelen hincharnos con consejos del tipo **interésese por los temas que a él le interesan**. Gravísimo error. Imaginen ustedes a ese pobre tipo deprimido con una esposa que, antes de dormir, se "interesa" por los cheques voladores que ha librado, los pagarés, las deudas, el modo de llegar a fin de mes... ¡Por favor, que después, ni con la grúa!

El otro camino es comenzar a aumentar nuestra cultura general y enterarnos de qué cuernos fue la Batalla de Vorodino, tema apasionante como pocos para "levantarle" el ánimo a cualquiera.

Quedan aún las revistas, que instan a las mujeres a destapar en conjunto las fantasías más secretas de la libido. Pues bien señoras, o ustedes las han **destapado durante estos diez años,** o no las descorchan ni con una patota de psicoanalistas y una barra de alcohólicos anónimos. Es síntesis, ¡todas paparruchadas!

¿Pero es que no hay nada que hacer para conseguir enderezar una relación alicaída? No lo sé, pero les tiro algunas recetas.

Rompiendo las lógicas

Después de diez años de convivencia, hasta el potro más matrero se ha acostumbrado a la monta, tanto que lo mismo le da que lo monten o lo dejen pastando al fresquito. El primer consejo entonces es: rompa la rutina. **¡Atrape a su yeguarizo en el ascensor!**

Para este operativo es necesario hacerse de la ropa adecuada. No se ponga un enterito, por ejemplo, porque si algo falla, es muy embarazoso darle explicaciones al portero. Básicamente consiste en lo siguiente: tome el ascensor con su esposo como si nada pasara. Párelo en un entrepiso, desnúdese de la cintura para abajo y proceda a desnudarlo a él. Tíresele encima loca de pasión y por dentro alce una plegaria. Es muy probable que al pobre, del susto, se le bajen hasta las medias, pero si consigue motivarlo llegarán a ser famosos en el consorcio. Es un lance, que como toda genialidad tiene sus riesgos, no sólo que él no funcione, sino también las barbaridades que comentarán sus vecinos.

Y aquí va otra buena receta para romper la rutina: a la primera fiesta que concurran, anúncielo en el momento de entrar que, bajo su falda transparente, cortona y con un tajo... **no lleva calzones.** Si sobrevive al soponcio inicial, tenga por seguro que no le quitará la mirada de encima en toda la noche. Por supuesto que no intentará espiar aquello que demasiado conoce, simplemente se mascará los talones de odio pensando que algún otro también pueda verlo. Si a la salida de la fiesta no la caga a trompadas, le auguro una noche de amor con fuegos artificiales.

¿Nada de esto le ha dado resultados? Probemos otras sendas, aunque para inventar algo realmente motivante hay que estrujar la sesera. Pero, imaginemos. Viernes a la noche, usted está dispuesta a lanzar el plan. No se olvide de evacuar criaturas rumbo a casa de abuelas, tías o cines.

Los niños, según se sabe, pueden hacer fracasar cualquier cosa, y con particular placer cualquier cosa referida a la vida sexual de sus padres. Sin moros en la costa, prepárele una exquisita comida que contenga nueces, apios y jarabe de muña-muña. Terminada la preparación báñese (el olor a cebolla es muy "baja todo") y vístase **sólo con el delantal de cocina. Todo lo demás ¡al aire!** Ponga un disco de Sara Vaughan e ilumine con un par de velas (no olvidemos que después de diez años se han producido caídas de todo tipo, y no es cuestión de andar mostrando). Cuando él entre, sorpréndalo con una baranda de Chanel Nº 5 y el culito al aire. Si el desgraciado es capaz de devorarse la cena sin observar que algo anormal pasa a su lado... ¡divórciese! Es un caso perdido. Si por el contrario él reacciona, juéguese el todo por el todo y túmbelo sobre la mesa (tome la precaución de poner a resguardo las copas; es molesto clavarse un vidrio en el trasero).

Otra variante

Siempre en los límites de su hogar y previo desocupar los chicos, pruebe suerte con el plan: **plomero habemus.** El mismo consiste en anunciar con una semana de anticipación que necesita un plomero porque todos los caños pierden. Es imprescindible que comience una semana antes, pues el sujeto está tan harto de escuchar protestar por caños pinchados que si no insiste, no le pasará ni cinco de estaño. Después de haber clamado noche y día por el desperfecto, ingénieselas para que el plomero llegue a la hora en que él regresa del trabajo. En ese instante persuada al noble operario de que hay una pérdida en el placard, empújelo con suavidad hacia adentro y métase usted con él. Cierre la puerta y como sin querer procure que el señor plomero sienta cosquillas por la ropa y estornude por el olor a naftalina. La idea general es que cuando su esposo entre a la casa y pase al dormitorio a ponerse las pantuflas, escuche los más extraños ruidos desde adentro del placard: risas, estornudos, grititos. La imagen se completa magistralmente cuando él abre la puerta y la encuentra a usted y al plomero juntos, que a dúo le explican que **estaban buscando la pérdida.** Si él contesta: **Ah, bueno,** rómpale la cabeza con el soplete. Si pretende asesinar al plomero defiéndalo (no está probado que la clase obrera vaya al paraíso). Si intenta estrangularla a usted, ¡regocíjese, hermana! Quedará algo machucada, pero ¿cuánto hacía que él no se molestaba ni en pelear?

A partir de estas **ideas-fuerza** puede usted crear sus propias estrategias o combinar las dadas. Verbigracia, encerrar en el placard a algún amigo de él, que tiene aún más ventajas que el plomero, pues, o su esposo tiene un amigo de fierro o usted gana un amante quizá más entusiasta que el inocente operario.

Puede también violarlo en su trabajo, o hacer las compras en supertanga. Por algún costado habrá de reaccionar el mozo, que en el fondo sólo se trata de sacudir la rutina y descalabrar la modorra.

Si toda estrategia le fracasa, haga sus valijas y váyase. No se preocupe por él. Difícilmente se dé cuenta.

Las minas del tango sí que la pasaban bárbaro

Una suerte de leyenda negra se abate sobre los varones del tango. Esos taitas puro moco, reprochones y nostálgicos hasta el punto caramelo, gastaron buena parte de su aliento e inspiración en meterse con las mujeres. Una primera lectura parecería indicar que sólo se salvaban de tanto menosprecio sus santas madrecitas. Sin embargo estamos dispuestas a arriesgar que esas maltratadas minas del tango en realidad la pasaron fenómeno. Mucho mejor que nosotras, por ejemplo.

A modo de escueta defensa de estos muchachos lloricones y vengativos, cabe decir que entre **aquéllos y éstos** que nosotras supimos conseguir, sólo ha cambiado la música de fondo. Las nuevas generaciones, algo intimidadas por los avances femeninos y más contenidas por el psicoanálisis, siguen sintiendo lo mismo pero afortunadamente ya no lo cantan. Tratan de comprendernos más y hasta de dialogar con mayor veracidad. En general meras estupideces que sólo nos fastidian: **las mujeres no podemos ser comprendidas por un varón** y en cuanto a "diálogos verdaderos", **¡andá a hablar con tu abuelita, que si ya está con la arterioesclerosis en una de ésas te cree y todo!**

Vayamos ahora a las heroínas del tango que, aparentemente, repetimos, vienen cubiertas por el fango de la desvergüenza y el deshonor. ¿No comienza a sonar delicioso?

Te vi pasar

Cierto es que, aunque la imagen final de las mujeres es altamente positiva, no se puede desconocer tampoco que los muchachos las describen desde el más vivo reproche. Este tiene variantes y puede darse de la siguiente manera:

A) El está rechiflado en su tristeza y en la mishiadura más atroz, y la ve a ella pasando como una diosa:

Hoy después de un año atroz te vi pasar / se paraban pa' mirarte / ibas linda como un sol / me mordí pa' no llamarte.

Realmente: ¿a qué mujer sensata le puede importar si él pasó un año atroz o ganó la lotería? Lo realmente importante es que ella iba rompiendo las piedras a su paso, de tan hermosa. Se agradece que haya tenido a bien ni saludarnos, sobre todo porque el mismo taita reconoce:

El recuerdo que tendrás de mí, será horroroso / me verás siempre golpeándote, como un malvao.

Te perdonamos, muchacho, y hasta quizá ya ni te recordemos. Me parece que has gastado un tango en vano. Pero no importa, allí me alejo yo como una reina. Vos, morite, corazón.

B) El está supuestamente bien y ve a la mina hecha un reviente:

Sola, fané, descangallada, la vi esta madrugada salir de un cabaret.

Gimotea el buen hombre y remata:

Y pensar que hace diez años fue mi locura, que llegué hasta la traición por su hermosura.

Retengamos esto: ella fue hermosa, han pasado diez años y está escrachada. Pues bien: ¿cuál de nosotras no lo estaría? Ni Pitanguy te salva de una década. Sin embargo miremos el temple de esta mina que, lejos de retirarse a tejer calcetines, molestar nietos y enloquecer a sus hijos con el reuma y otras porquerías, allí está a taco firme a la salida del cabaret. Y no me vengan a contar que entre una abuela al borde de los pañales descartables del geriátrico y un cabaret lleno de vahos de alcohol y de vicios, es más divertido un geriátrico. ¡Diez hurras para esa mina que tiene todavía ganas de jojobear!

C) El está como era entonces, hecho un paspado a pilas, y la ve a ella:

Tangueando altanera con un compás tan hondo y sensual.

La visión, obviamente, le disgusta. Pero, "como todo gil tiene derecho a la bronca", dejémoslo que odie a la maldita, que no lo aguante más, que lo cuente a los muchachos, escriba un tango o se tire a las aguas del Riachuelo. Podemos jurar que a ella no se le va a enchuecar un taco, ni perderá una pizca de esa sensualidad con la que sigue mareando tipos. ¡Idola! ¡Ay de mi pobre generación que chuequeó hasta con las botas de granadero que nos impuso la moda y de nuestros tipos que vienen mareados de nacimiento!

Las espléndidas

Hay minas de los tangos que, pese a las insidias masculinas, resplandecen como verdaderos ejemplos para esta juventud arrebatada y para la mía, de confusas cuarentonas. Escuchemos un instante:

Che madam, que parlás en francés y tirás ventolina (guita) a dos manos... ¡Alto el fuego! Nuestro modelo de vida habla francés. Saquemos cuentas de los idiomas que hablamos nosotras que arrastramos apuntes y traseros por cuanto instituto enseñaba lenguas para aprender a decir: **I am a book** o **You are a desk** (por francés no pasé nunca, pero imagino resultados igualmente pobres). El taita la completa aclarando que ella nació en Villa Crespo, lo que aumenta mi admiración hasta el delirio. Nosotras, que nacimos en Córdoba y vivimos en Boedo, ¿qué clase de burras somos?

Observemos ahora ese tirar de dinero a dos manos. ¿Cuándo nosotras, cucarachas de la crisis, hemos tenido guita para tirar? ¿Qué digo? ¡Ni siquiera hemos tenido guita a secas! ¡Y, además, laburando! Y sigue el hombre con su descripción presuntamente ofensiva:

Que escabiás copetín bien frappé y tenés gigoló bien bacán.

Siento un vahído de envidia: ¡copetín bien helado tomaba la loca! Miro con pena cierta a todas nosotras y los miles de "cortaditos" que habremos consumido en bares, donde si hubiésemos pedido un copetín, matábamos al mozo de un infarto (y a nuestro acompañante de un soponcio de billetera). ¿Y el gigoló, ese maravilloso hombre que las regenteaba sin joder por la cuenta del teléfono, ni enredarse en prosaicas discusiones sobre a quién le toca sacar la basura? Me seco los mofletes, húmedos de lágrimas, y continúo.

Los favores recibidos... se agradecen

Otra característica admirable de estas damas es que recibían obsequios a rolete: un tapado de armiño por aquí, una voiturette por allá (tradúzcase como auto), un viaje a París como quien se va a Merlo, y por supuesto el departamento, que, aun bajo el nombre de bulín, "garçoniere" o cotorro, siempre es el techo propio, como dijera mi vieja.

Atiendan esta letra, que es casi un compendio de lo que llegaba a ofrecer un taita:

Yo te puedo asegurar / que si te venís conmigo / lo pongo a Dios por testigo / que nada te ha de faltar. / Departamento alfombrao / chaiselongue, secretaire / y un negro que te eche aire

/ vestido de colorao. / En vez de un piano dos pianos / uno e'manija y otro e'cola / pa' que te sentés vos sola / y toqués a cuatro manos.

Claro que el final no es del todo auspicioso:

De nada te has de quejar / y pa' que tengas de todo / venda y tintura de yodo / para poderte fajar.

Ya lo dijimos, perfectos no eran, pero no deja de ser una delicadeza que al menos tuvieran con qué brindar los primeros auxilios. En tono menos agresivo, siempre los taitas terminan quejándose de lo que oportunamente dieron. El del tapado solloza:

Y yo con mil sacrificios, te lo pude al fin comprar / mangué a amigos, vi a usureros / ¡y estuve un mes sin fumar!

¿Y para qué están los amigos? –me pregunto– Además, ¿no te hicimos un bien a la salud? Sin embargo, el varón no se detiene en razonamientos sensatos y sigue:

...Me resultó al fin y al cabo / más durable que tu amor / el tapao lo estoy pagando / y tu amor ya se acabó.

Pero ¿qué querría? ¿Que la muchacha se lo devolviera para obsequiárselo a la madre?... Si a la vieja seguro que le quedaba como el trasero y lo iba a hacer hilachas en la pileta de lavar.

También se retuercen los bigotes por las que están en París y son **flor de lujo y de placer**. Pero en fin, perdonémosle estos pecadillos y meditemos un instante: esas minas se envolvían en pieles, mientras nosotras usamos camperas de jean; gastaban París mientras nuestra generación, con suerte, veraneaba en Mar del Plata. Y si ese alguien se pusiera a definirnos, otra que **"flor de lujo y de placer"**. ¡Flor de boludas somos!

Esos taitas puro azúcar

¿Adónde habrán ido a parar con estos vientos de la modernidad y el feminismo? Es para preguntárselo, con un puñal atravesado en el pecho, cuando una escucha ternezas como la que alguno supo escribir:

Fumando espero a la que tanto quiero / tras los cristales de alegres ventanales / y mientras fumo mi vida no consumo / porque flotando el humo me siento adormecer.

No se trata de que después los varones dejaron de esperarnos o de fumar. Pero se ha producido una crispación generacional. Si nos esperan es porque llegamos tarde, si llegamos tarde estarán con cara de culo y si fuma, seguro que tienen algún revire naturista que les impide gozar un buen faso en nombre de la nicotina, el cáncer de pulmón y hasta el de mamas. Pero observemos un poco más los sueños de este taita:

Tendido en mi sofá, fumar y amar / ver a mi amada feliz y enamorada / sentir sus labios besar con besos sabios / y el de-

vaneo sentir con más deseo / cuando sus ojos veo / sedientos de pasión... **Dame el humo de tu boca.**

Y sigue el hombre engordando fantasías de tan deliciosa especie. Dicho en buen romance esos varones se calentaban con la espera, mientras los nuestros sólo se neurotizan. ¿No estaremos a pérdida, hermanas?

Es imposible dejar de recordar, en la sección **taitas para añorar,** a aquel otro que aguardaba en el bulín de **Corrientes 3, 4, 8.** Donde además de amor, hasta ofrecía un teléfono que funcionaba. Ni el mismísimo dueño de la Bell se jugaría a tanto. Y en cuanto al bulín, ahora derechito al telo y las nuevas generaciones pagan a medias. En síntesis, creemos que es hora de replanteos. Estercita la pasaba mejor que Madonna. Piensen por último en lo que cantaban **Los Fabulosos Cadillac,** a quienes la novia se les cayó **en un pozo ciego.** ¡Una verdadera caca! ¡Voto por Estercita! Chan-chán.

Me quiero casar con torta y todo

Sí, me contradigo. La situación es tan simple como desesperante: heme aquí queriéndome casar otra vez, y helo allí al que les dije, haciéndose el oso.

Ya con ley de divorcio en mano, después de diez años de relación "irregular", habiendo pasado por todos los estadios posibles, como en una corrida de toros llegó la hora de la verdad y el astuto bicharraco que debiera bajar la cerviz y caer muerto por una estocada nupcial, mira para otro lado con cara de "yo no fui".

Sirva este relato para las muchas mujeres que tienen un idéntico renacuajo a su lado, sirva también para catarsis de mis sanas furias, y para romperle un poco el hígado al susodicho que, como buen traidor, jura por las cenizas de todos los puchos que se fumó que "en cualquier momento nos casamos". Je.

Es la historia de amor

Si dejara correr mi sangre de personaje lorquiano, podría reprocharle al mencionado individuo, "por la mare mía", que por su amor fui adúltera, amancebada, querida, concubina, la réproba, la "otra" y el pan de cada día de la maledicencia comunitaria. También podría escribirle un tango lacrimógeno y castrador o, en última instancia, un poema donde puntualizara que: "Siempre puse el alma entera, soportando afrentas"...

En fin: esa sanata semitrágica que ni yo me la creo. Porque todo fue "a conciencia pura". Más aún: fue con premeditación y alevosía (mía). Así que al que le gusta el mosquito, chitón con la picazón.

Por supuesto, el susodicho no me creería, ya que si algo

provoca una década de convivencia en una relación, es saber cuántos puntos calza el contrincante. Y esta adversaria usa pistola calibre ironía, cargada con perdigones de sátira. Dicho de otro modo, siempre he considerado el mundo como un mal chiste del Señor, y a mí misma y mis avatares como una broma inexplicable de la Naturaleza. Por todo lo anterior, y en mi férrea intención de convencer a mi bienamado de casarse conmigo, me he embarcado en una campaña de signo contrario: "Si no es con vos, será con otro, pero ¡soltera no me muero!".

Señora casadera se ofrece

Debo señalar que, aún obnubilada por la pasión que me aqueja, cuando pienso en mi amado, descubro que ningún hombre se diferencia "demasiado" de otro. Terminadas las sumas y las restas, todos tienen más o menos dos brazos, dos piernas, veinte dedos, etcétera, y caracterológicamente oscilan entre apacibles e iracundos aunque todos, sin excepción, son un poquito ingenuos.

De tal suerte, mis pretensiones son de mínima y mi oferta es decididamente de máxima.

Lean, si no, el catálogo de virtudes de esta prienda:

• Sabe vacunar, ensillar y marcar un animal. (Por favor, no pregunten para qué le sirve todo eso a una persona que se gana la vida como periodista)...

• Puede fumar bajo la ducha y cantar, simultáneamente, "La felicidad".

• Sin hablar más que cordobés básico, sabe decir "te quiero" en ocho idiomas.

• Acepta ver todos los partidos de fútbol por la tele, tapando apenas veinte veces la pantalla. Eso sí: siempre en el momento del gol.

• Es tan ingeniosa que con sólo dos pares de medias consigue que tres de ellas estén desparejas.

• Es capaz de cocinar un arroz tan asqueroso como exquisito es el nombre francés con que lo bautiza (cuando se me pega, lo adorno en una fuente y lo sirvo anunciando: "He aquí una receta parisina, el 'Ye tem mon amur', inventado por Luis XV").

• Y como si lo expuesto no bastara, ¡posee un título universitario! (Lamentablemente perdí el diploma, pero en alguna parte está la constancia de notas, que es más o menos lo mismo.)

¡Dígame! A esta altura, ¿no está como para abalanzarse pidiendo mi mano?

¡Sí, yo!

Como comprenderán, para conseguir un marido lo primero que hay que hacer es correr la voz de que se lo está buscando. Y dado que tengo un feliz concubinato, sistemáticamente veo aparecer en mis interlocutores una mirada de asombro:

–¡Cómo! ¿vos...?!

Detrás de este asombro hay una serie de errores explicables.

Veamos: se supone que una intelectual con libérrima visión del mundo, no está en la pavada de pedigüeñar una mísera firma en una libreta. ¿Acaso lo hicieron Simone de Beauvoir, Emily Dickinson, las hermanas Brontë, Marguerite Yourcenar o tantas otras mujeres que admiro? Pues no, y quizá por eso pudieron construir su espléndida obra. Pero yo estoy jugada: cualquiera que tenga que oler la ropa de su familia para descubrir si está sucia no llegará jamás a escribir nada inolvidable. Así que mejor me caso.

Detrás del "¡cómo! ¿vos?" existen también otros sobreentendidos: "Vos, que te tomás todo a risa, vos que sos tan irónica, vos que no creés en los 'para siempre'...", y así una larga enumeración donde quedaría probado –y escrito– que me ne frega la sagrada sociedad y que prendo un pucho con "los supremos valores de Occidente".

¿Es todo eso verdadero o falso?

Pues bien: no pienso contestar a esa pregunta. Sólo insisto en que... ¡me quiero casar!

Como si esto fuera poco... ¡la dote!

No podría ocultar al amable caballero que está presto a casarse conmigo que a todo lo anterior debe sumarse a mi dote:

• Dos hijos preciosos cuyo deleite y hobby es pelearse entre sí como animales. Pero jamás muerden a extraños.

• Un gato llamado Hermeto, que se apoliya en invierno y sufre ataques de melancolía nocturna.

• Varias bibliotecas con ejemplares despanzurrados de tantas lecturas. Con un poquito de paciencia para armarlos, aún se pueden leer.

• Cuatro cuchillos de plata con el sello de la familia. Cabe destacar que uno tiene el mango abollado porque lo usaron para cascar nueces, pero todavía corta.

• Algunos cuadros pintados por amigos, que valdrán millones dentro de cien años.

• Un equipo de música descompuesto (además algo le pasaba al sonido cuando andaba, pero ya no me acuerdo).

• Una radio que funciona regio apretándola con el pulgar.

• Un lavarropas que sólo centrifuga.

• Un aparatito para hacer café, al que alguien le perdió la tapa. Igual lo hace rico, así que no entiendo para qué tenía tapa.

• Rubro ajuar: hay frazadas como para aguantar el invierno (estarían mejor si me hubiera acordado del matapolillas antes de guardarlas), sábanas para cambiar todas las semanas (de hacienda impar, pero ese detalle es nimio) y suficientes toallas, aunque algunas ostentan leyendas enojosas que delatan robo e inconducta.

• Me olvidaba la heladera. Sí, anda. Es preciosa, y hasta la lleno para Navidad.

Esperando las cintitas

Podría hacer todavía, dos o tres descargos culturosos, traer a colación Mirce Eliade, Margaret Mead y hasta el pobre Freud metidos de los pelos para avalar el matrimonio, pero la verdad es que sueño simplemente con una torta, con que mis hijos y sus hijos me lleven la cola de novia, con una nube de arroz, con la luna de miel, con regalitos...

En mi esquizofrénico corazón anhelo una boda con más pasión que el premio Nobel. Después de todo ése sí que no lo voy a conseguir nunca.

Entonces, que quede claro: los señores pretendientes pueden ir formando cola, o bien dirigirse por carta a: "Señora de Córdoba que quiere casarse".

¿Y qué pienso hacer con mi actual concubino que persiste en la negativa? Pues rifarlo en pública subasta. Sé, por dura experiencia, que siempre habrá una gila para cualquier varoncito, y que muchas de mis hermanas aún piensan que la liberación comienza por el concubinato. Je, je. En algún otro momento se los cuento. Quedan invitados a mi futura boda.

El triste destino de la que nace mujer

¿Cuál es el momento de la vida en que una se cansa y deja de pelear con "ellos", para entrar a amarlos sin gresca? ¿En qué instante se decide dejar de educarlos para empezar a disfrutarlos? Hay algunas para quienes nunca llega ese momento y las sorprende la muerte en la mitad del combate. Otras habrá que no lo libran nunca porque piensan que todo está bien y otras que lo aprendemos a los ponchazos. Léase esta nota como un aporte a la educación del adulto.

Siendo una mala hija

Sobre el filo de la última Navidad, en el trabajo algún varón convidó con pan dulce.
Se abrió en la Redacción y el invitante, con sus ojos más dulces y naturales me miró fijo y me dijo:
–¿No me lo cortás?
El resto de los presentes (todos varones) avalaron el pedido con sonrisas de complacencia.
Diez años atrás, por menos que eso hubiese puesto un ojo en compota a cualquiera. Con una década más a mis espaldas, me levanté sumisa busqué un cuchillo y, lejos de cortarles los testículos a todos, dividí aplicadamente el pan dulce de marras. **"Nosotras –como el Club de Leones– servimos."** ¿Qué pasó de los treinta a los cuarenta?
Haciendo memoria, una es lanzada a este mundo donde todo es confuso menos a quién le toca levantar la mesa (a nosotras, se entiende), donde nadie podrá decirnos para qué vivimos pero tendrán en claro a qué maldita hora debemos volver a casa (si somos mujeres, insisto).

Ubicadas en la vida nos será difícil entender la metafísica, pero la física nos será aplicada con el máximo rigor: **De la cintura para abajo, no.** Tendremos mil dudas acerca del amor pero una sola certeza: **a nuestros viejos no les parece bien si hay cama de por medio.** Desconocemos cuán ancho es el mundo, pero podremos descubrir cuán estrecha es la geografía que se nos ha adjudicado: la casa, la escuela y el aburrimiento. Mientars tanto, por el solo e incomprensible hecho de que nuestros hermanos tienen esos centímetros de más, poseen el privilegio de tirarse a muertos a la hora de levantar la mesa, horario cuasi libre para volver de noche, historias sexuales permitidas y hasta alabadas secretamente por la familia. Y cuando una juega como una gilipollas a las muñecas y otras idioteces semejantes, ellos cazan su bici o sus zapatillas y se adueñan del mundo que, para ellos, sí es ancho y propio.

Al descubrir la trampa, digamos que a los dos años de vida, una comienza a transformarse en una mala hija. Situación de protesta que durará más o menos hasta que pesquemos al primer señor que nos haga una oferta matrimonial y nos casemos.

Siendo una mala esposa

Más allá de cómo sea el susodicho marido y aunque nos toque el último zopenco del reparto y hasta nos divorciemos por su más escandalosa culpa, ese señor tendrá contra nosotras un argumento indiscutible, **siempre fuimos una mala esposa.**

Es el momento de continuar la historia de la infancia y juventud con otro decorado, otros actores y el mismo argumento.

Tragamos sapitos por todas y cada una de las cosas que nos señalan que somos diferentes, y esas diferencias no se resuelven en el feliz enroque. Con más propiedad, tienen que ver con cacerolas para lavar, niños a llevar, traer y maltraer y, por supuesto, cuernos para aguantar.

En estos cortos o largos años de matrimonio intentaremos igualar los tantos. Tal vez consigamos que de vez en cuando él cambie un pañal, que a razón de cinco puteadas por noche nos saque la basura, o que se comida a retirar un crío del colegio. Todo para que después escuchemos, con un vahído de asombro y un amargor de ira, cómo aquéllos que hemos comenzado a domesticar cuentan, sacando pecho, que ellos no son machistas, porque... y allí, en los puntos suspensivos, enumeran las elementales reglas de convivencia que hemos conseguido insuflarles en sus durísimos marotes.

Es por lo menos otro escuerzo difícil de tragar, teniendo en cuenta que nuestros estómagos ya han desarrollado una cierta intolerancia batracia.

Siendo mala madre

En lógica, dicen, dos negaciones equivalen a una afirmación. En la vida no. Es natural, porque la vida poco tiene que ver con la lógica.

De tal modo, si una viene de ser una mala hija y una mala esposa, no terminará siendo una buena madre. Si, además, venimos alguito hartas, los primeros efectos los sentirán nuestros hijos varones, tal vez intentemos que, por fin, se haga justicia y se distribuyan equitativamente las tareas domésticas. En resumen, instaurar un régimen medianamente justo con nuestras hijas mujeres.

Cualquiera que haya hecho la experiencia, sabe que estas actitudes detonan de manera inmediata una guerra no precisamente santa... Ya de niñitos, los varones se resisten a perder sus fueros. Y al aproximarse a la adolescencia, el machismo les aflora casi con más fuerza que los granitos.

Dependerá de nuestra resistencia y obcecación el tiempo que aguantemos vivir entre trincheras y casamatas. Según se sabe, los hijos vienen magníficamente pertrechados para engordar en la rebeldía, mientras las madres tienden a cansarse de tanto portazo y a perder lozanía frente a los ataques masivos de música puesta para que vuele el techo, o sutilezas venenosas en forma de pilchas tiradas ex profeso, chicles pegados por doquier e interminables listas de reivindicaciones y reclamos de todo color y laya.

Al final, con toda sensatez, nos rendimos al dulce grito de **¡Ma sí, andá a la puta que te parió!** El hecho de que la puta venga a ser una, ni quita ni pone. Los guachitos han ganado una vez más su combate y nosotras perdido casi la última batalla.

Arriando banderas

Así, de pronto, una amanece espantosamente cansada. Es hora de descubrir que nuestro agotamiento nauseoso no deviene de lavar platos, levantar dobladillos o aguantar las sandeces de nuestro marido de turno.

Estamos reventadas de luchar para que sean ellos quienes **también** levanten, cosan, y hasta de vez en cuando se callen un ratito la boca.

El problema se ha centrado en su justo punto. Lo que agobia es el combate con los molinos de viento. En última instancia, es hora de reconocer que sólo nuestra estupidez nos ha llevado a malgastar tanta adrenalina al divino cohete. Ya se sabe, con los molinos de viento siempre ha perdido, desde el Quijote hasta hoy, todo luchador por la utopía. Reconocido esto, es probable que sobrevenga un colapso, una especie de Malvinas interior, donde no sólo debamos aceptar la derrota sino entender que fue una batalla esencialmente ridícula. **¿Y con la bandera qué hacemos?...** Pues eso mismo que estáis pensando. Con mástil y todo.

Frente a esta revelación de lo inevitable, las mujeres suelen tomar diversos rumbos: engordan, se malhumoran o se psicoanalizan. Pero indefectiblemente todo vuelve a la normalidad. Sólo que con un poco de imaginación, la normalidad puede ser muy divertida.

Adorables bichitos

A esta altura parecería que acabo de descubrir el lugar donde se encuentran las paralelas y procederé a dar su dirección. Lejos de eso, me voy a referir a una tradición milenaria y oriental: **el poder de la contemplación.** Aunque en el fondo creo que al que nace en el stress es al ñudo todo yoga, pensemos que si un señor envuelto en una túnica puede pasarse toda la vida mirando un punto en el infinito sin aburrirse, creo, ¡Buda me perdone!, que una dama puede divertirse lo suyo mirando a esos bichitos absurdos que son esencialmente los varones.

¿Para qué mencionar la inteligencia de los deportes que los apasionan o el desconcierto que les produce este mundo que paradójicamente han creado?

Pero básicamente es divertido escucharlos hablar de mujeres, tema que, afortunadamente parece obsesionarlos y en el que son tan entusiastas como ignorantes. Puede objetarse que no es de buena persona reírse de la ignorancia ajena, pero como es peor reírse de la sabiduría, permítanme alivianar las penas escuchando tanto macaneo. Ríos de tinta, infinitas tradiciones orales han surcado los tiempos. ¡Vedlos allí creyendo que somos el demonio o la MADRE, harpías o santas, locas o vírgenes, lesbianas o sumisas! En fin, que el dislate es tal que se necesitaría otro capítulo.

Mientras tanto, me siento a la vera de mi máquina, sonrío, y para la próxima Navidad volveré a cortar el pan dulce. Sin duda, las mujeres como yo no hemos sido llamadas a cambiar este mundo. Apenas si, a veces, osamos disfrutarlo. Shalom.

A veces
es difícil cumplir años

Hasta los diez años nos hacen fiestita. De ahí en más sobreviene la espera para los míticos quince. Los treinta marcan la primera crisis. Los cuarenta son una pálida. ¿Y después? Se abre la tierra de nadie, donde cada uno debe plantar bandera.

¿Por qué será que ninguna mujer declara haber cumplido más de cuarenta? ¿Seré la única a quien la agarró el calendario? Lo dudo; me parece que mis colegas sencillamente tiraron anclas en esa edad y, voluntad o lifting mediante, están tratando de retroceder a los treinta y quedarse allí hasta desbarrancarse en la senectud. Si una trata de imaginar qué ocurre a los cincuenta (y sospecho que llegan con la inexorabilidad del otoño} se encuentra con un páramo. La mitología popular alcanza y abruma la cuarentena y después se silencia. En este yermo aparece a la distancia la imbatible.

Liz Taylor, de sesenta, casándose con un joven camionero. Pero no me alienta. Para sesenta aún me falta y, además, tendría que invertir estos años en ser obesa y escribir un libro **Cómo dejé de ser obesa,** y ser alcohólica y escribir **Cómo dejé de ser alcohólica.** No sé qué me cansa más, si la idea de escribir o la idea de estar borracha o a régimen todo el tiempo. ¿Es que habrá una forma de nombrar lo innombrable? ¿De indagar en esa zona de la vida que escapa a los radares y a las místicas?

Esta temible edad donde nuestras "fechas de vencimiento" están cumplidas. Al menos lo intentaremos. Veamos, un pequeñísimo ejemplo que ocurre con el "usted".

El usted y el vos

Tratarse de vos con todos los que andan por nuestra edad es una equivocación que confunde la confianza indiscriminada con el afecto. Pero así y todo, es un modo (ilusorio y real) de pertenecer a una edad "joven". Como sólo a los viejos los tratamos de usted, es altamente "shoqueante" cuando ese "usted" del mundo comienza a recaer sobre una. Mi corazón tambalea en la incoherencia. Si me tratan de usted pienso: "¡La que te parió! ¿Pareceré la abuela de Matusalén?". Si me tratan de vos: "Y quién te dio confianza". Lo que es peor, en los días de persecuta: "¿Por qué me tirás como limosna este tuteo, si adivino que me ves como a tu abuela?". La verdad, que a esta edad una se vuelve "intratable".

Esos grandotes

Nuestros hijos, esos mismos bicharracos a quienes hasta ayer les limpiábamos la cola, son decididamente más adultos y más sabios que una. Ya no pierden tiempo en pataletas y hasta se ahorran la sorna que solía producirles su despatarrada madre. Tienen vidas ocupadísimas y distantes, y cuando nos encontramos, whisky mediante, me escuchan con atención y me aconsejan con prudencia (whisky mediante, cuando no hace mucho les decía con mi tierna pedagogía de entrecasa: "¡Si tomás adelante mío, te mato!") yo intento, a mi vez, parecer grande y entonces, cuando ellos hablan, me silencio. Sé que ya saben todo lo que tengo para decirles y hasta yo me canso de oírme decir (¿será esto parte de la edad?).

A lo sumo insisto en los profilácticos, también machaco sobre el esmero y la responsabilidad; les recuerdo, como al pasar, los valores básicos: decencia, solidaridad, dignidad, democracia. Y apenas, apenitas, les deslizo qué clase de persona les conviene como pareja, enfatizo las virtudes de la vida sana y subrayo lo poco conveniente que es consumir heroína. Pensándolo bien, les estoy diciendo las mismas boludeces desde que tenían seis años (menos lo del forro, que es el aggiornamiento pos SIDA). Es decir, sigo siendo una vieja ploma. Pero algo en mí los conmueve, así que se limitan a codearse por abajo de la mesa y atragantarse de risa (¿será la edad?).

El matrimonio... una cajita de música

Mis colegas cuarentonas que han decidido instalarse en los treinta, poseen un común denominador: "La pasión las apasiona". Tienen el corazón en un permanente hipo emocional y un cambio de stock masculino sumamente vivificante. Las poscuarentonas casadas y felices vivimos en una cajita de música. Ningún forastero llama a nuestras puertas y hace rato que olvidamos qué es eso de depilarse de apuro y necesitar un calzón negro con más urgencia que un litro de sangre RH negativo. La música de nuestra cajita no es siempre armónica, pero tiene la ventaja de que siempre sabemos en cuál nota se va a detener. Todo organizadito, tranquilito... ¿aburridito?

Años atrás, cuando nos peleábamos con mi bien amado marido, él decidía en el acto, irse de casa. Mientras armaba las valijas, yo le sacaba el picaporte a la puerta, para que no pudiera huir. La situación era estupendamente delirante, en particular cuando justo caía alguien de visita, yo no encontraba el picaporte, y él tenía que correr con sus valijas del living al dormitorio. Desde hace años no interpretamos más esa exultante escena intitulada: "No te vayas que me trago el picaporte". (¿Serán los años? ¿Estos años?) Sin embargo, me gusta tener el corazón en paz. Armar la puerta era un embole.

La mirada del otro

A esta edad sucede algo terrible: una se va volviendo invisible y descubre (tarde) cuán visible fue. Acudo a dos ejemplos para tratar de aclarar la confusión que adivino: ¿Es que alguien puede dejar de ver a la esplendorosa Kim Basinger o a cualquiera de sus émulas nativas? Puede ser que con envidia, o con admiración, con urticaria o con tiña, pero "se ve". Pensemos un instante, ahora, en cualquiera de nuestras damas patricias y ya ancianas que aún andan moviendo los escuálidos traseros en pos de la caridad o el arte, por ejemplo. ¿Es que alguien puede mirarle algo que no sea su pilcha o sus infinitos lifting? Ni pilchas ni lifting permiten ver a una persona sino, diría, todo lo contrario. Dejo los ejemplos elípticos para embarcarme en la gráfica más grosera: ¿qué pasó con nuestro culo y nuestras rotundas lolas, y con ese andar "tan hondo y sensual"? Pues... no están más. Culo y lolas se fueron sin decir adiós y ni siquiera pudimos darles las gracias por los servicios prestados. En cuanto a ese "andar", lo dejamos de lado en cuanto descubrimos que las zapatillas son una forma del Paraíso en este mundo. Mundo que, hasta ayer, atravesábamos a puro taco y dolor de pies. Y con jogging, calcetines y zapatillas, la sensualidad también se fue al tacho. ¿Será cosa de esta edad decidir por fin estar cómodas?

El cuerpo, ese viejo desconocido

Una mañana cualquiera, una mujer de mi edad que siente que "no ha hecho nada para merecer esto" bien puede recitar frente al espejo esta oración rudimentaria: "Esas ojeras no pertenecen a mi corazón ni esas "aflojadas" a mi conducta ni esos "para abajo" a mis sueños. Y ahora, ¿qué hago?". Por supuesto no hay respuestas claras para el futuro, pero sí claves para el pasado, recetas que hubieran podido dilatar la hecatombe. Por ejemplo: una debería haber comenzado a amasijarse con fierros a los 16, para preservar el trasero y hasta sostener las lolas en algún lugar aproximado a lo correcto. Debería haberse alimentado a verdurita hervida para que el cutis reluciera y hasta dedicado a la meditación, sistema inigualable que viene con un novio de veinte garantido.

Lamentablemente, no hicimos nada de eso. La gimnasia no fue popular en los sesenta, el choripán de peñas y manifestaciones era una institución. Y aunque un novio de veinte es un incentivo suculento, jamás pudimos meditar más de cinco minutos (y siempre pensando en la cena de la noche, lo que, además, envejece).

Lloro un segundo por ese pasado hipotético que tan poco hace para mejorar este presente y sigo.

¿Y si no nos damos por vencidas? Pues la oferta del mercado es inagotable. Hay cremas "que estiran", ungüentos que borran las arrugas, rodillos para amasar la panza, baños de espuma para volver a los cinco años. Y si no creemos en la cosmética y nos resistimos al lifting, por el lado de la gimnasia el panorama roza con lo mágico en todas las variedades posibles del agite. Si aún así somos vagas, podemos optar por camas que, solas, nos mueven los rollos o unos aparatitos para atarse en el trasero que mediante impulsos eléctricos lo contraen hasta debajo de la ropa (nunca me tropecé con alguien que la usara, pero debe ser impresionante ver cómo se mueven los cachetes).

¿Y las demás? Pues bien, invocando a Machado ("El hoy es siempre todavía"), sólo queremos estar saludables (¿Será la edad?). De cualquier forma, no hay modo de desconocer que los años nos acercan a la vejez y la vejez es un asco. Sólo habría que saber cuál vejez es la que asusta, más allá de la menopausia que estoy segura que va a llegar... a otra. Tal vez lo que realmente da miedo es la decrepitud del corazón, el desgano precisamente en "eso". Gratis va una respuesta de mi tía Ana María, a quien cierta vez le pregunté cuándo se terminaba, y con su modo más recatado me contestó: "No sé, querida, recién tengo 87 años".

Fin de semana: el hombre en casa

Que los varones suelen ser una molestia, hay pocas mujeres que lo dudan; pero lo que tal vez ninguna pueda discutir es que durante los fines de semana se transforman en estorbos lindantes con lo insoportable: verdaderos caballos de utilería que deambulan con sus huesos por la casa sin terminar de encontrar su destino.

Lo cierto es que entre la física y la metafísica nos destrozan la paciencia, desequilibran el hogar y nos hacen añorar el lunes, cuando por fin se van a molestar a otra parte.

Los varones son como el dulce de leche: de acuerdo a la dosis una puede relamerse, empacharse o enfermarse de gravedad. Todo es cuestión de cantidad y tiempo, pero los efectos de una sobredosis suelen apreciarse **cada fin de semana.**

Hay que reconocerles a su favor que no ponen en la cuestión ningún empeño malicioso. Por el solo hecho de **estar** alteran los nervios, aunque ese **estar** tenga tantas modalidades como varones hay en este mundo. Sin embargo, pese a esta diversidad, "hay un algo que los une, yo no sé si es la mirada, la manera de pararse, de mirar, de estar sentados"... Pero que joden, joden. Veámoslo.

Los lógicos

Todos estos paracaidistas semanales aterrizan en nuestro living durante 48 horas completas cada cinco días. Pero los lógicos se dedican a observar y a criticar nuestros quehaceres con un criterio ídem. Y si la lógica de un varón tiene poco que ver con la nuestra, en el conflictivo frente de lo doméstico la diferencia es un abismo.

—¿Por qué hay una pincita de depilar en la heladera? —pregunta la bestia con el desconcierto de un Homero Simpson frente a una tabla de logaritmos.

Es dificultoso hacerles entender que, según nuestra ciencia empírica, ése es el lugar óptimo dado que:

a) **Las criaturas menores de dos años han demostrado una increíble devoción por comérsela.**

b) **Los mayores de ocho años tienen una siniestra vocación para utilizarlas como destornillador, con lo cual la enchuecan y la dejan incapaz de arrancarle un pelo a la mona Chita.**

c) Que habiendo hecho el intento de guardarla en todos los lugares sólitos, recurrimos al insólito, donde estaba a buen recaudo hasta que él puso el grito en el cielo, y nos arruinó el escondite. Se agradece.

Es también parte de las molestias de un "lógico" preguntar **por qué la tapa del inodoro está sujeta con un palito,** misterio cuya explicación es de una miseria humana casi imposible de relatar, pero que comienza con una pinza pico de loro, que **él** prestó a un vecino y termina en una demostración de nuestro vivaz ingenio que arregló todo con el palito. Por supuesto que éste no es el juicio del varón y nada nos evitará sus opiniones, que además se extienden sobre toda la administración de la casa. El sosiego sólo llega cuando el lunes suena el despertador y él parte con su lógica hacia el lógico mundo que ha sabido construir. No hagas ruido al salir. Gracias.

Los inertes

Trátase esta categoría de varones de los que al llegar el sábado se tienden donde pueden y allí se quedan como atacados de una catalepsia hasta el lunes. En apariencia son inofensivos y hasta se diría de los mejores. Sin embargo, los **mejores son los que no están,** así que observémoslos con atención.

En primer lugar resulta incomprensible el espacio que ocupan. Haga una lo que haga, indefectiblemente tropezará con sus piernas que, aunque sea un enano, siempre parecen llegar al fin del mundo. Como tienen la languidez de un gato, gustan comer en el lugar elegido creando una considerable mugre a su alrededor y dejando un sembradío de miguitas que recién el miércoles terminaremos de barrer.

Este espécimen de **hombre quieto** es afecto al televisor, muy en particular a los eventos de tono deportivo. Como a una no le interesa el torneo de squash en Pakistán, los esquiadores de Cortina D'Ampezzo o el desempeño de los perros San Bernardo socorriendo turistas en la nieve, terminamos deseando que aludes infernales sepulten a los turistas y a los perros, y que los esquiadores se quiebren el fémur a la altura de la zona ilíaca. Creo, a fuerza de intuición, que si les sacáramos el televisor de adelante se quedarían igualmente estáticos contemplando las manchas de humedad de las paredes. Reconozco que jamás me dio el coraje para hacer la prueba.

Pero quizá lo más aniquilador de estos personajes es cuando levantan la cabeza y mirándonos con dulces ojos bovinos preguntan:

–¿Es necesario que te muevas tanto?

Los cocineros

Para no dejar demasiado en evidencia mi mala entraña de bruja, paso a ensalzar a esta estirpe de adorables **que se lucen con un asado.** Pero bajo inmediatamente del podio a los que piden ayuda para las ensaladas, chupan copiosamente y luego, refugiados en la modorra posalcohol, se tiran a dormir la siesta dejando a nuestro cargo los platos para lavar, y todo lo que han emporcado.

De más está decir que éstos no son los peores. Los indignantes son los que tienen arranques de gran chef, los que pretenden demostrar cuán creativos e inspirados son (sí dulzura, cada siete días es fácil) en franca competencia con nosotras.

En verdad sería ese tipo de desafío que una perdería con gusto, pero a la literal **hora de los bifes** la genialidad culinaria suele naufragar entre la mugre y el espanto.

Un **código no escrito** que parece guiar el paso de los varones por la cocina dice más o menos lo siguiente:

• No hay por qué usar una sola cacerola si se pueden ensuciar tres.

• Saber dónde se guarda la sal y la sartén deteriora la virilidad.

• Una papa que un hombre puede cocinar debe ser pelada por una mujer.

• Decirle a una esposa que los bifes se le quemaron es pura objetividad.

• Decírselo a ellos es una agresión.

Amén.

Los hiperquinéticos

En este punto habría que dejar aclarada una cuestión:

Toda mujer sensata sabe que el ocio creativo no ha sido inventado para las damas.

He allí tal vez el porqué las obras de arte más importantes de la humanidad han sido producidas por los varones. Pero con un poco de experiencia, digamos que nosotras hasta debemos despedirnos del **ocio, a secas.**

Los fines de semana, por ende, siempre hay algo que hacer. Esto es lamentable, pero se vuelve trágico cuando un varón comienza a hacer cosas a nuestro alrededor. Sus esfuerzos no tienden de un modo lógico a aliviarnos el trabajo. **Ninguno piensa en plancharse las camisas para toda la semana.**

Los hiperquinéticos tienen sueños mesiánicos que sólo dan buenos resultados en las series de televisión. Sólo allí don Ingalls padre, que en paz descanse (y de paso descansa su mujer) con un martillo y tres clavos construía un granero, herraba un caballo o hacía una cuna para su hija de dieciocho años.

En nuestras casas, en cambio, un varón con un martillo en la mano sólo presagia desgracias. Anuncio infalible de que el lunes deberemos llamar a un técnico para que componga el equipo de música, junte trozos de la aspiradora o revoque de nuevo la pared del living. ¡Guárdalos Señor de los desmanes que desata un varón empeñoso! Opino que más de un crimen pasional comienza cuando el hiperquinético, alegremente, empuña una herramienta y anuncia:

–**¡Querida, hoy voy a arreglar ese tendedero que te tiene loca!**

Y pensar que hay jueces que se atreven a condenar por homicidio a esas mujeres mártires.

Por supuesto que existen excepciones que no están contempladas en este capítulo. Hay varones que no pasan con nosotras el fin de semana. **Están casados con otras.** Hay varones que, estando casados con una, no aportan los fines de semana. **Se están por casar con otra.** Y hay mujeres que viven sin un varón, lo que a la larga puede ser peor, o al menos infinitamente más aburrido.

Cosas espantosas que le ocurren a una

Según mi juicio –algo apocalíptico– las verdaderas desgracias no son las "grandes desgracias", sino las pequeñas. Si el Obelisco cae sobre la cabeza de alguien, por ejemplo, lo que se podría considerar como un desastre grande, difícilmente ese alguien pueda ni siquiera contarlo. Muy por el contrario, la vida manda pequeñas flechas con curare que infaltablemente dan en el blanco. Y el blanco... ¡es una!

Quiero teta

Como casi todas las mujeres que hemos atravesado los cuarenta, y aun en flagrante contradicción con mis principios, de vez en cuando me entrego a la ensoñación de una cirugía estética. El tema, como las virosis, viene por rachas, pero cuando estoy virósica me vuelvo insoportable. No me alcanzarían los espejos de este mundo para mirar todo lo que me haría. Un retoque general para quedar de quince años, agrandamiento de ojos, achicamiento de nariz, unos preciosos pómulos de telgopor, la mandíbula más chica, la boca más grande, la dentadura más reluciente, un pequeñín trasplante de neuronas y cinco centímetros más de cuello. Para mi total escarnio, es necesario aclarar que este recuento lo hago a viva voz, bajo la resignada mirada de mi noble esposo, que adopta una sagaz expresión de berenjena viendo llover. Un maldito día en pleno ataque, se me ocurrió que él tendría que opinar. Y abandonando un segundo el espejo, le pregunté: **¿Y a vos qué te gustaría que me hiciera?** Los ojos se le iluminaron cual un beduino extraviado en el desierto frente a una cerveza helada, y con una voz donde resonaban años de carestía exclamó: **¡Quiero teta!** ¡Pobre alma mía, más de quince años y jamás se había atrevido a decirlo! Pero pobre de mí también, que tuve que asumir en un solo instante esas dos pequeñas desgracias.

Ven a bailar conmigo

Opino, junto con todos los suicidas de este mundo, que la vida es una verdadera **shit.** Sólo me diferencio en que, mientras ellos optan por pegarse un tiro, que es lo razonable, a mí se me da por pasarla bien (índice de alguna psicopatía altamente aguda que ya averiguaré). Dentro de este voluntarismo demente. Cada día si estoy de humor espléndido lo celebro. Y si no, intento mejorarlo. Ritualmente entonces pongo al levantarme: "Las cosas del querer" y con un gracejo que haría palidecer a la mismísima Carmen Amaya, lo zapateo de punta a punta. Mi marido me observa levantando un cuarto de ojo del diario y con una sonrisa que siempre interpreté como de absoluto embeleso. Así, sólo con cambios de repertorio, pasaron años de felicidad, hasta que en un trágico instante llegó la pequeñez. Una vez más se encarnó en mi esposo, quien levantando un ojo entero del diario y con igual aspecto de embeleso pregunto: **¿No te gustaría aprender a bailar?** De pronto sentí todo el peso del ridículo. ¡Y yo que me creía la más sabrosa de las andaluzas! ¡Cuánto dolor! En fin, esa pequeñez me hizo aterrizar en la opaca realidad, a saber: una judía polaca jamás parecerá andaluza, Carmen Amaya hubo una sola y yo bailo como el trasero. ¡Olé!

Los admiradores marcan tu nivel

Una forma de medir esa pequeña penuria repugnante que nos propinan los años es estar atenta a los señores que manifiestan expresamente interés en una (a los que lo tienen secretamente, que un rayo los parta. Hay edades que necesitan de gratificaciones expresas). Sin embargo, hay admiraciones absolutamente deprimentes. Tal es el caso del romance que mantuve durante todo un año con un ciruja que vive en el subte. Por su aspecto pareciera haber nacido allí y no haberse bañando nunca. El porqué perdió todos su dientes es una intimidad que no me fue relatada, tal vez porque se alimenta con restos de papeles de diarios o roe zapatos. Pero lo cierto es que una noche surgió de las sombras y casi me mata del susto hasta que comprendí que esbozaba un saludo. El saludo se fue haciendo cada vez más galante, hasta culminar con un gesto de alto romanticismo: cuando llegaba, corría al molinete, lo abrí hacia atrás y me permitía el paso sin gastar mi cospel. Todo esto matizado con saludos del tipo: **¡Hola, hermosa!** y una total indiferencia canchera cuando me veía aparecer con mi marido. No hay dudas, el hombre estaba conmigo y esto... marca mi nivel. Al menos, cómo ando del sex–appeal. A veces me entrego al ensueño de que si viajara en un Alfa Romeo Super Sport me intentaría seducir un señor de un Rolls Royce. Pero no me dura. Bien sé que en tal caso recibiría un piropo de algún jubilado que limpia los parabrisas en los semáforos. ¡Ayyy!

ESTA INSENSATA VIDA

*"Vida es algo que les ocurre a los otros
mientras una lava los platos."*

Mis papelones
en el periodismo

Los periodistas a los que he llegado a admirar, ¿siempre habrán sido tan prolijitos, tan profesionales? Creo que sí. Que ellos nunca fueron papeloneros. Y comprendo, con cierta languidez en mi estómago, por qué esta servidora jamás llegará a ningún estrellato.

Tal vez –imagino con desmayo–, un periodista es aquél que mientras tomaba la teta de su madre leía de reojo el diario matutino, aquél que a los cuatro años editaba "El Periódico del Jardín de Infantes", y a aquél que en cuanto tuvo la altura necesaria se zambulló dentro de una redacción y allí quedó, extasiado para siempre por el olor de la tinta, la implacable mugre de las oficinas y la electrizante adrenalina de la "primicia". Luego echo un vistazo sobre mi propia historia y lanzo un sollozo incontenible: formada en el gallinero de la Literatura, durante años sólo leía las páginas culturales de "el" diario (nada de leer más de uno) y –es hora de reconocerlo– las inefables noticias policiales (del morbo siempre bien, gracias).

Sólo la catástrofe de un brigadier loco que un buen día se hizo cargo de Córdoba, consiguió desplazarme de un destino donde hasta entonces reinaban Flaubert, Sartre, Oscar Wilde y otra recua de intrascendentes quienes jamás han sido la noticia nuestra de cada día. Dicho brigadier (mal rayo lo parta en el infierno en que esté) dividió la provincia en dos: él y sus bandas por un lado, y por el otro los "comunistas" que conformaban el resto. Con respecto a nosotros, sus planes fueron de una claridad meridiana: encanar a los más posibles, pero indefectiblemente echarnos de todos lados. Así fue que, saliendo favorecida en el reparto, en la gloriosa Universidad de Córdoba me dieron una patada en el traste, con título y todo y, detalles al margen, terminé aterrizando años después en el sagrado sacerdocio del periodismo. No fue un aterrizaje afortunado y cosas aún peores pueden decirse de mi estadía en él. Pero no van a negarme un punto a mi total favor: colegas a los que admiro, ¡sé que les gano sólo en una cosa! ¡Jamás han hecho tantos papelones como esta escriba!

Quemo I: Torre Nilsson y el carnaval de mi grabador

Una de mis primeras tareas en la redacción de aquel diario, al que entré como "volante" (léase de última), fue hacerle una entrevista a Torre Nilsson. ¡Vea qué sencillito! Lo que realmente no ayudaba era que nunca en mi vida había visto una sola de sus películas... En materia de cine me había quedado en las comedias de Doris Day y Rock Hudson, en la época en que ellos se amaban, yo lo amaba a él y nadie sabía lo del SIDA.

Sin arredrarme, elaboré un cuestionario vergonzoso. Comenzaba preguntando si se sentía realizado y concluía afirmando que era "una hermosa persona". Por si la barrabasada fuera escasa, encima lo escribí en un papelito que guardé con la mayor prolijidad en el averno de mi cartera.

A las tres de la tarde de un verano porteño insoportable arribé a sus oficinas. Tan, pero tan rata era en ese entonces, que el grabador (prestado) tenía el tamaño de un piano de cola y funcionaba con dos carretes donde se enrollaba la cinta. Del lugar sólo recuerdo una larga escalera, una larga espera y la aterradora cara de Torre Nilsson. Nunca sabré si no era para nada simpático o si se trataba de mis propios nervios que envolvían la cuestión en un halo de inquietud. Era evidente que el hombre tenía calor y que estaba profundamente molesto con algo que "todavía" no era yo, pues no había alcanzado a decir ni pío. Se sentó detrás de un escritorio mientras yo comenzaba a preparar mi máquina, que más parecía un transmisor de la Primera Guerra que cualquier cosa capaz de grabar nada. Mientras me concentraba en la operación, mi entrevistado, con voz hostil y ojos que no le alcanzaba a ver por los lentes, me explicó cuánto odiaba a los improvisados que iban a verlo sin conocer su obra. (¿Notaría mi condición de bestia irredenta?) Completó sus reflexiones acotando que ese tipo de inescrupulosos llevaban preguntas idiotas que sólo le hacían perder el tiempo. A esa altura, sabiéndome improvisada, inescrupulosa y deleznable cual un arácnido, oprimí un botón equivocado en mi maquinaria fatal, y en lugar de grabar... ¡se volvió loca y comenzó a girar, tirando cinta por todo el escritorio! Ni un vagón de serpentinas de los viejos carnavales hubiese podido crear tal caos. Torre Nilsson manoteaba tratando de despejar sus anteojos. Yo caminaba en cuatro patas tratando de encontrar una punta de la maldita cinta, para empezarla a enrollar, mientras sigilosamente metía una mano en la cartera y hacía añicos el cuestionario, para salvarlo de su mirada infrarroja. Todavía debajo del escritorio, contemplando tête à tête los calcetines de mi entrevistado, evalué con seriedad qué me convenía hacer. ¿Fingir un desmayo?... Mmmm, él no parecía el tipo de socorrer damas hipocondríacas. ¿Arrojarme de cabeza por la ventana, o decirle la verdad y esperar a que me tirara él solito? Estaba mascullando estas posibilidades, cuando se produjo el milagro: Torre Nilsson comenzó a hablar sobre cine, sus películas, sus proyectos, sus anécdotas. De pronto la máquina se puso a funcionar y como él ya estaba enganchado me limité a escuchar con devoción, mientras el reportaje se transformaba en un monólogo que, de cualquier manera, ¡me iban a pagar!

Quemo II: gobernador y calzones

Habían corrido los años, esta zanguanga había aprendido alguito del oficio, pero en el tema papelones seguía igual. O incluso empeorando. Por avatares de mi trabajo debí entrevistar a un gobernador que reinaba en una provincia del norte. Allí arribé una mañana bien temprano, pero como la reunión no pudo ser a esa hora, pasó para la tarde. "Tarde", en el norte, es siempre después de las cinco ya que, junto con la bandera, la siesta es una insignia patria. ¿Qué puede hacer una persona razonable mientras el resto se dedica a apolillar...? Pues arrebujarse en la cama del hotel y entregarse a los brazos de Morfeo. Con la conciencia profesional absolutamente tranquila, pues de él lo sabía todo, me despatarré en la modorra de las campanas y salté de la cama con el tiempo justo para vestirme corriendo y llegar a la gobernación. En ese instante, víctima del apuro, se me perdió una prenda íntima, esa que se coloca entre una misma y el pantalón. Ya con el reloj en contra, saqué otra de la valija, me enfundé en el mismo pantalón y salí volando hacia la Casa de Gobierno. De más está decir que el gobernador no fue puntual. Por ende, en su elegante sala de espera comenzaron a amontonarse los personajes más representativos de la provincia: ministros trajeados como para casorio, intendentes relucientes de gomina, unos inexplicables gauchos recién salidos de una boutique para yanquis y, en medio de todos, la abajo firmante que, amén de dudosa periodista, es inveteradamente chusma. Al poco tiempo me desplazaba de grupo en grupo, comadreando alegremente con todos. Ya no llevaba, por supuesto, aquel grabador de la infamia y, aunque jamás tendré el look de Oriana Fallaci, según mi opinión estaba por lo menos presentable. Más aún, de acuerdo a mis propias fantasías, me manejaba con el aplomo de la duquesa de Windsor y la elegancia de Grace Kelly en "Alta sociedad". Así me informé desde los proyectos hidráulicos de la provincia hasta la mas recóndita intimidad de los presentes. Agrego, además, que la vida privada de los funcionarios era la cosa más aburrida que había escuchado en mi vida.

Luego de ese largo esperar pasé al imponente despacho del gobernador y comenzó el reportaje. Cubramos con un manto de olvido lo preguntado y lo dicho, ya que no hace a la cuestión, y retomemos la escena en el momento en que terminó la entrevista, saludé al mandatario y volví a la sala de espera. Con la mayor parsimonia me despedí de todos los jerarcas amontonados; les dejé hasta besos para los chicos y me dirigí a una de las secretarias para pedir un auto. Allí, ¡¡¡¡la catástrofe!!!!

Justito cuando con paso majestuoso avanzaba por el hall principal rumbo a la calle, sentí a mis espaldas una voz femenina que medio atorada susurraba: Señora, le asoma algo...

¡¡¡¡¡Síííí!!!!! Era el calzón perdido. El maldito había quedado en una de las piernas del pantalón y al vestirme terminó colgando por la parte de atrás, a la altura del zapato, cual una extraña tripa de encaje. ¡TODO EL TIEMPO QUE PASE ALLI HACIENDO FACHA, ANDUVE REVOLCANDO EL CALZON POR EL PISO!

¿Ustedes creen que a Oriana Fallaci alguna vez le sucedió algo igual? Me consuelo pensando que, a lo mejor, ella no usa bombachas.

De cómo seguir al marido a todos lados

Según me enseñara mi santa madre, para conservar al marido una debe seguirlo adonde vaya. (También tiene varias recetas para perderlo, pero ésa no es acá la cuestión.)

El muy tierno díjome un miércoles:
–Querida, el sábado tengo quemmñññgrbfffmmm...
Esa es la forma que adquiere su dislexia cuando intenta legalizar una fulería. Aguzando mis oídos, más el agregado de unos pellizcones, conseguí enterarme de que el sábado de marras debía viajar a **San Carlos Minas,** en la provincia de Córdoba, pero para el lado de La Rioja, justo donde se acaban los vientos.

Dadas mis naturales luces –y lo de "Minas" no me sonaba nada bien– colegí que el susodicho no tenía el más mínimo interés en llevarme. Con demasiado énfasis, él argüía:
–Mirá..., tenemos que salir temprano, y vos te levantás tarde... Pensá que tenés que escribir, y vas a perder todo el día... Ojo, que por ahí hace mal tiempo... y seguro que te vas a aburrir como una loca...

No sé cómo seguía aquel consejo de mi vieja, en caso de resistencia de la otra parte. Pero sé muy bien cuándo él se trae algo bajo el poncho así que, aunque más no fuere para fastidiar, me empaqué en un rotundo:
–¡Voy!

Cortando Minas Claveros

Según me explicó el procesado, había sido invitado por el **intendente** de San Carlos para hacer de jurado en un concurso de estatuas que adornarían la plaza del lugar. A las 9 de la mañana, cual "boy scout" desvelado, estaba yo firme esperando al señor que nos llevaría. Diluviaba (maldición de burro si alcanza) y hacía un frío de mil demonios. Llegó el coche y me zambullí adentro, mientras el infrascripto daba sus últimos manotones de ahogado recordándome el peligro de agarrarme reuma, moho y psitacosis. En vano: **yo iba**.

Ya en marcha, debíamos pasar a buscar a otro de los jurados. Y allí me di con la primera sorpresa: resultó ser una **jurada**. No me gustó ni medio. Pero a los dos minutos de relojearla la pasé a la categoría de **no odiable**, y la fui subiendo de escalafón durante la travesía, hasta llegar a la de **altamente estimable**. En parte, por sus méritos personales, y en parte porque no demostraba el mínimo interés por el renacuajo que llevaba al lado, a mi lado. Creo que este tipo de sentimientos infames se llaman celos.

¿El viaje?: bajo una lluvia atroz, más el detalle de que el chofer padecía de una vieja manía cordobesa: **creerse mejor que Fangio**. Yo no tenía nada contra el Chueco ni contra nuestro conductor hasta que agarramos las primeras curvas a 140. Silenciosamente comencé a rezar el "pésame, Dios mío", lamentando no saberlo también en hebreo y en sánscrito (la incertidumbre era grande y los pecados muchos).

Pero con la lluvia, con Fangio, con sospechas y en un suspiro, llegamos por fin al pueblo donde tan noble hecho artístico debía perpetrarse.

El "señor intendente"

Finalmente aterrizamos (no hay palabra más justa para el caso). **San Carlos Minas** nos rodeaba con su paisaje serrano, espléndido y sobrio.

Creí que habíamos llegado a un lugar desierto, pero en el acto se descolgó de la vereda una chica joven: redonda, ruluda y empulpada. En medio del silencio agreste corrió hacia el coche gritando: –¡Hooola, amooor...!

Desde el coche –más exactamente de mi costado derecho– surgió otra voz que replicaba:

–¡Hola, tesoooro!

Sin que mengüe la honra de nadie, debo decir que ambos personajes se abrazaron en la mitad de la calle bajo la indiferente mirada de una gallina y de mis ojos, que habían rodado por la gramilla.

Por supuesto, el caballero era el batracio de mi bienamado, y la joven hermosa era **el señor intendente**.

Fugazmente, pensé en qué pena correspondería por amasijar a mi esposo (atenuada por emoción violenta), y cuál por degollar a una intendenta (agravada tal vez por su cargo). Decidí contar hasta cien. Al borde del millón, la calma renació en mi corazón. Obviamente, el **amooor** se conocía con la **tesoooro**. La cuestión estaba consumada y detesto las pataletas retroactivas.

Si se dice **intendente** o **intendenta** aún sigue siendo en casa tema de discusión, y no precisamente gramatical. El hecho es que la señorita tiene 33 años, y ganó el puesto merced a una larga militancia, sus dotes para el cargo y, sin duda, su extrema simpatía. La intendenta no tiene novio –por si interesa, a mí me interesaba– y en su labor de gobierno brillan unas calles pavimentadas, obras diversas, un vivero y, por supuesto, la remodelación de la plaza. Como verán, la perdoné en el acto. Después de todo, la culpa de los equívocos siempre la tienen los varones.

De jurados y estatuas

Valga aquí una breve digresión sobre el asunto que nos había llevado a San Carlos.

Como ya he acompañado a mi bienamado renacuajo en estos trotes de elegir obras artísticas, sé la clase de tormentas que se desatan después del fallo. Las fuerzas vivas de toda localidad tienen, en general, una indeclinable pasión –a la cual adhiero– por lo que suele llamarse "arte figurativo": **adoramos las pinturas de gatitos dentro de una canasta, nos derretimos por los ranchitos y nos hacemos pis por cualquier puesta de sol.** Los jurados, por el contrario, se inclinan por premiar cosas atroces. Como ellos son "los que saben", las fuerzas vivas guardan un penoso silencio, mientras piensan cómo hacer para tirar después la asquerosidad premiada. Por supuesto, en San Carlos Minas la mayoría silenciosa había "elegido" de antemano una adorable maternidad, algo bizca tal vez, pero maternidad al fin. Pero el jurado se descolgó laureando algo parecido a tornillos ajustados por un loco.

Claro que como la intendenta no era de intimidarse, por primera vez contemplé el regocijante espectáculo de un jurado dando explicaciones sobre el porqué la elección de esos tornillos y ganándose sus honoríficos garbanzos, frente a la inquisidora lengua de la señorita intendenta.

¡Hurra por ella!

Sur, Puerto Madryn y después...

Todo comenzó un miércoles al calor de un asado y, me temo, demasiados vinos, en casa de unos amigos tan itálicos como entrañables. El dueño de casa comentó que debían viajar a Madryn y –como el E.T.– encendí mis antenas y grité: "¡HOME!".

Claro, me parece muy bien que "el sur también exista". Pero ésa no era la razón de mi entusiasmo: todas mis adhesiones geopolíticas no alcanzan para movilizar mi osamenta saturada de nicotina y profundamente amante de mi pequeña aldea. Ocurre que allá en el sur están mis hermanos, mis cuñados y, sobre que somos pocos, hace rato que nos separaron las ventiscas...

¡Atención que empieza el viaje!

Mis amigos dijeron que sí, yo clamaba por el sí, y sólo faltaba convencer a mi señor esposo, tarea asaz difícil. El susodicho considera que a más de cincuenta metros de un café su vida pierde todo sentido, y a cien metros de un bidet la cuestión merece un suicidio.

Ergo: **había que secuestrarlo.**

Operación secuestro

El bienamado, argentino hasta los tuétanos, había hecho el siguiente cálculo:

a) una cosa era que realmente nuestros amigos partieran;

b) otra cosa era que me llevaran; y

c) otra –muy otra– que consiguiéramos cazarlo.

¡Grave error! La tozuda sangre polaca con la apoyatura de la sangre itálica (básicamente pionera) se unieron para, en apretado montón, concurrir a la estación de trenes donde el susodicho arribaba de Buenos Aires, con un compadre portafolios en la mano. Allí nomás lo empaquetamos y lo arrojamos en el asiento de atrás del auto. (No lo metimos en el baúl porque la Trafic no lo tiene.)

Así fue cómo antes de que pudiera gritar socorro ya estaba rumbo al sur con un bolso que yo había preparado con mis propias y amorosas manos. Faltaban, of course, los calzoncillos, motivo por el cual puteó los tres mil kilómetros de ida y vuelta sin apreciar, el muy bellaco, que en cambio le había puesto un concheto pañuelo para el cuello que, por supuesto, no usó. **No hay maridos perfectos.**

Fase uno: protagonistas

Volvamos nuestra mirada hacia el interior de esa Trafic que partía hacia Puerto Madryn.

Capitaneaba el grupo **Jorge,** amigo itálico, abogado, y su señora esposa **Elsa,** también itálica y absolutamente presentable y modosa en circunstancias normales (ya veremos qué ocurre cuando la Patagonia aprieta).

Los seguían en orden de mérito:

–**Miguel,** su hijo de 19 años que iba a inscribirse en Biología Marina (carrera novísima que, como comprenderán, sólo puede tentar en Córdoba a un hijo y nieto de inmigrantes que aún lleva en su sangre el mandato de hacer la América).

–Un amigo de **Miguel** (que lo acompañaba con el mismo fin; los delirios son contagiosos).

–**Carola** (quince añitos, hija, munida de lanas y cuentas para hacer pulseras, para acortar el viaje).

–**Nosotros** (de colados). Nuestra descripción la obvio.

La verdad es que salimos hechos una belleza de juiciosos, limpitos y bien hablados. **Elsa** tejía, cual Penélope, un precioso pulóver negro. **Carola** tejía pulseritas. Según pasaban las horas el espectáculo comenzó a deteriorarse. La Patagonia se abría ante nuestros ojos inmensa, llana, calurosa, ventosa, desierta, **insoportable.**

El tejido de **Elsa** voló hacia algún rincón de la camioneta y con las agujas armó un toldito tipo comechingón. El mate comenzó a circular. A los cinco minutos todos estábamos tapados de manchas verdes (estilo yanquis en Vietnam). Algunos kilómetros más, y salieron a relucir galletitas y pan dulce, con los que quedamos totalmente pringosos (mi amable esposo seguía puteando por sus calzoncillos). Para contribuir al estropicio general yo me até tres ruleros y me zambullí a dormir. (De acuerdo a la malévola descripción del grupo, apollé toda la Patagonia sin parar, abriendo de vez en cuando un ojo para gritar: "¡Pan dulce!". Dicen que me comí dos kilos.)

Fase II: ¡accidente!

No me pregunten a qué lugar del mapa habíamos llegado. Sólo sé que caía el sol en medio de un desolado páramo y que era difícil entender que "ese lugar" fuera la Argentina. Lisa y llanamente no había nada ni nadie a lo largo y a lo ancho del horizonte, cuando... ¡sí, señores", **nos quedamos sin nafta.**

Rápidamente me resigné a morir carbonizada por el salitre y la ventisca, y pensando en los paleontólogos del siglo XXX y lo horrible que quedaría mi momia con ruleros, me los saqué...

Pero... antes de morir, había que hacer pis, imperiosamente.

No creo que Alfonsina haya tenido urgencias tan prosaicas en el instante supremo, pero una cosa es el mar y otra la Patagonia, se los juro. Allí se notó hasta qué punto había bajado la moral y el pudor de la tropa: los varones desenfundaron al costado del vehículo con la única precaución de darnos la espalda (¡cochinos!), mientras las damas partimos buscando un arbolito –que encontramos cerca de la cordillera– y volvimos llenas de espinas pero con el pudor a salvo.

Allá, a las cansadas, pasó el primer auto, que nos dejó haciendo señas como el penado 14; pero cuando se perfiló el segundo, Elsa se cruzó en medio de la ruta dando saltos, como King Kong. El bólido venía como a 200 kilómetros por hora. Cerré los ojos para no ver el charco. Jorge, su esposo, aullaba puteadas en perfecto piamontés cuando, ¡a diez centímetros de su anatomía, frenó! Por supuesto, era un auto gasolero... ¡y nuestro coche andaba a nafta!

El equipo adolescente lo abordó y partí en él a buscar combustible. Yo me acosté de nuevo a esperar la muerte, siempre comiendo pan dulce.

Tan concentrada estaba en la tarea que me perdí el momento en que Elsa, usando una vez más su treta suicida, paraba otro coche, conseguía nafta y nos poníamos en marcha a rescatar, esta vez, al equipo de rescate. (Patoruzú brillaba por su ausencia.)

Fase III: el señor del auxilio y otras músicas

Nos reunimos todos en Río Colorado donde, dentro de la categoría del milagro, hay una sucursal del Automóvil Club Argentino, dirigida por un señor. El señor estaba dispuesto a darle auxilio a nuestro equipo... **previo pago.**

Tal vez ustedes no sepan (yo me enteré al salir) de que el ACA está obligado a dar auxilio "gratis", en todo el país, a sus abonados.

En verdad el señor no alcanzó a cobrar más que un disgusto, porque Jorge (insisto: **abogado** italiano) tomó la cuestión como **algo muy pero muy personal,** y todas las furias del Averno cayeron sobre el pobre. Mis ojos, dilatados por las inmensidades de la ruta, contemplaron el más surrealista pleito, donde caían por igual las culpas sobre los antepasados del señor y tupidas amenazas de juicios y telegramas al fiscal de la Nación. Por las dudas no tomé el café que nos sirvieron, y me quedé pensando en ese pobre hombre que a partir del episodio, debe soñar en medio de los vientos patagónicos con ese juicio fulminante del cual, y como corresponde, Jorge se olvidó pasados los diez kilómetros.

De allí en más comenzó la pelea por dos casetes (la pulsera que tejía Carola ya podía dar la vuelta al mundo). Acostada sobre las piernas de mi marido –que seguía farfullando por los calzoncillos– seguí apasionadamente la batalla generacional. Los jóvenes peleaban por Fito Páez, mientras Elsa luchaba a brazo partido por boleros que consideraba más hermosos que la Novena Sinfonía. (Secretamente, yo hinchaba por ella. Adoro los boleros.)

La batalla continuó algunos cientos de kilómetros más. No sé quién ganó, porque otra vez me quedé dormida.

Fase final: ¡volveremos!

De ese largo camino me han quedado imágenes más emparentadas con el sueño (tirando a pesadilla) que con una realidad asible.

La Patagonia es un lugar extraño donde uno puede circular por rutas que no aparecen en el mapa y no encontrar jamás las que figuran en él.

A la vera del camino, como chiste, hay carteles que anuncian pueblos. Algunos tienen nombres amenazantes, como **Salitral Negro,** y otros absurdos, como **Cotita.** Lo curioso es que "no están", o tal vez existieron alguna vez y hace mucho que se los llevó el viento. La vegetación (¿?) está compuesta por **coirones,** especie de mata infecta que, según me explicó en Puerto Madryn una ecóloga apasionada en el tema, "son imprescindibles para alimentar ovejas" (claro que las pobres, o comen coirones o comen piedras).

En la mitad de los páramos más desiertos aparecen carteles oníricos que rezan: **No estacione en este lugar,** o **No encandile al cruzar otro vehículo** (¿qué vehículo, por Dios, si ni la sombra de Magallanes cruza esos desiertos?). No hay agua, no hay nafta ("no hay cafés, ni bidets, ni calzoncillos", agregaría mi esposo, pero es muy cargoso). Hay un río que se llama Negro y es azul, y otro Colorado que es marrón. En fin: todo patas para arriba, hasta la Cruz del Sur que se ve al revés (¿o habrá sido porque yo venía acostada?).

¡Qué luna de miel!

Cuando una mujer se acerca, ¡ay!, vertiginosamente a los cuarenta, ya ha aprendido que una leve desconfianza es el primer síntoma de la sabiduría. Sin embargo, hay quienes envejecen por el puro displacer de juntar canas. Somos las infaltables hijas del rigor, las incorregibles comprabuzones, las que creemos que todo lo que relumbra es oro, y las que pensamos –¡mal rayo lo parta al Ferrocarril Mitre!– que una segunda luna de miel es aún mejor que la primera. Permítanme un ruidito de sarcasmo: ¡Je!

La verdad sea escrita: lo que será narrado a continuación sólo pudo acaecer por un abuso de confianza, pues aunque me gusta decir "sí" a los envites de mi media aceituna, siempre espero que me lo proponga primero (cosas que a una le enseña la vieja para pasar por decente).

Sin embargo, cuando el elegido de mi corazón me contó que había sacado pasajes para llevarme a Buenos Aires, lejos de protestar por no haber sido consultada me lancé de lleno a los festejos. La fecha coincidía más o menos con algún aniversario (perdonada me sea esta imprecisión; pero para lo único que sirve el Registro Civil es para asegurar las fechas. Cuando uno se lo saltea, con el correr de los años comienzan a entreverarse los aniversarios. Se confunde, por ejemplo, el día del primer café con el de la primera noche; y en tal revoltijo se pierde de vista "cuál" fue la fecha del casamiento; léase más verdaderamente, la fecha en que uno se larga a convivir sin más bendición que la esperanza).

De cualquier forma tomé la invitación como una segunda luna de miel. Entré a recolectar ropa elegante, dejé tribu con todos los úkases de rigor, y con el corazón lleno de campanitas me trepé a ese tren Rayo de Sol dispuesta a la gran **fiesta**. ¿Es que acaso existe algún lugar más romántico que un tren que lleva además tan auspicioso nombre?

Me adelanto a decirles: **sin duda, existe.**

Expreso de medianoche

Tal vez porque el romanticismo siempre conspira contra una observación atenta a la realidad, no presté atención a los extraños conciliábulos entre mi bienamado y el bienamado del guarda. Tampoco percibí la velocidad con que fui arrastrada al coche-comedor y, envuelta en mi nube de celofán, ni me di cuenta de que la comida del tren del todo rica no es. Más se parece en todo caso a un menú de pobre con pretensiones, aunque según fueron pasando los hechos hasta llegué a pensar que era decididamente asquerosa. Pero claro, sólo un corazón indignado supera en parcialidad a un corazón amante.

La cuestión fue que nos ubicamos y, según mis fantasías, entre manjar y manjar debíamos abocarnos a planificar nuestros placeres en la Capital: amigos a visitar, espectáculos para ver y, por qué no decirlo, esa espléndida noche que habríamos de pasar, cuando... **¡apareció el plomo!**

Era un caso típico de lo que Huxley define como "pelma perforante"; y con un adicional que justificaba el crimen: el plomo era amigo de mi marido (lo que no está mal), pero lo era desde antes que yo apareciera en su vida (en la vida de mi marido, no del plomo), lo que sí es bastante enojoso. ¿Habráse visto algo más irritante que un señor que entre risotadas comienza a evocar un pasado del cual una no formó parte?

Valga la digresión, pero después de los treinta una no aspira a conocer "todo" lo que le ha ocurrido a aquel que ama, pues bien sabe que, entre olvidos y mentiras, la reconstrucción se vuelve inútil.

Del mismo modo, ya que jamás vamos a saber la verdad, se opta por omitirla dentro de lo sanamente posible, siempre que no nos caiga a la mesa... ¡un pelma perforante!

Desde Córdoba a Toledo "su amigo" se encargó de deschavar, entre codazos, no menos de cinco novias de la juventud. Un leve viento asesino comenzó a campear en esa amorosa cena; y al acercarnos a James Craik las tendencias homicidas estaban absolutamente desatadas. En orden de méritos, mi cónyuge, que guardaba un silencio de ultratumba, quería estrangular primero a su amigo y luego a esta servidora cuya cara de culo ya iba llegando a las vías. Por mi parte deseaba hacer sonar primero al que les dije para proseguir la masacre con una larga lista de señoras y señoritas cuyas honras habían sido más que vapuleadas por el plomo.

El pollo, huelga aclarar, tenía un delicioso gusto a veneno, y la torta de limón chorreaba bilis. Si la bestia no se callaba ahí, podía haber más cuchilladas que en el expreso de Medio Oriente. Y para colmo, los cuchillos del ferrocarril no tienen filo. Impertérrito al clima polar que reinaba en la mesa, el pelma prosiguió evocando historias, entre risitas y guiñadas. Por suerte, a las once de la noche y llegando ya a Villa María, terminó la cena... y nuestro amigo, luego de arrojar dos o tres nombres más al fuego, se despidió con un abrazo.

¡El muy cretino encima se fue contento!

De no creer

Como habrán podido deducir, el ánimo con que rumbeábamos para el camarote no era exactamente el de una segunda luna de miel.

Sin embargo, si la cosa había empezado mal aún no había visto todo. Justo cuando pensaba introducirme en la intimidad del camarote para desatar esos formidables e inútiles escándalos que me salen tan bien, el susodicho me informó con voz hilachenta que **en realidad no teníamos un mismo camarote, sino que debíamos dormir separados.** Eso sí –agregó triunfante– había conseguido uno a continuación del otro.

No sé si pueden imaginar la ira de Zeus encarnada en una mula, todo mezclado con el desconcierto de Adán al mirarse el ombligo. Pero eso mismo, eso mismísimo, fue la reacción de esta escriba.

Por un instante consideré la idea (descartándola por incómoda) de arrojarlo por una puerta de emergencia, y doscientos metros más adelante tirarme yo (cosa de que ni nuestros cadáveres descansaran juntos). Finalmente pudo el amor y opté por la resistencia pasiva: me ataloné en el corredor y con la consigna **o juntos o duermo acá,** se desató el jaleo.

El bienamado llamó al camarero (claro, de allí los extraños conciliábulos iniciales). El camarero llamó al guarda. El guarda al inspector, y todos al unísono explicaron que era absolutamente imposible el cambio que yo exigía a los gritos. Sin duda, ustedes se estarán haciendo la misma pregunta que yo: **¡¿cómo carajos** (pueden suprimir el carajo, que es un producto de mi ira) **una pareja que planea su segunda luna de miel tiene camarotes separados?!**

Si han de creer la explicación del acusado, la culpa era de la computadora. Si pudiéramos preguntarle a la computadora tal vez nos explicase que: "Los años han pasado, terribles, malvados...". Pero tendamos aquí un suave manto de incertidumbre, y retomemos la trágica escena cuando la dama aullaba: **¡Quiero dormir con él!**, mientras tres señores de uniforme le explicaban que era imposible, y el señor (¿qué bienamado?, ¡el muy maldito!) silbaba con aire ausente.

Finalmente se impuso la fuerza bruta a la prístina fuerza del amor (¿habrá sido amor esas ganas de ver correr sangre?) y a los empujones me introdujeron en el camarote que me correspondía, mientras mi partenaire, aliviado hasta el éxtasis, desaparecía en el suyo.

Lo que más rabia me dio es que todo ese personal del ferrocarril todavía está comentando **aquella noche en que el petiso se hizo un levante en el comedor y ella les quiso hacer el cuento de que era su esposa.** ¡Que el Averno se abra y los devore con rieles y todo!

Así fue cómo furiosa hasta las lágrimas y la reputación haciendo agua por el lado de su parónimo, pasé mi segunda luna de miel... con una gorda.

Asfixias de medianoche

Cuando entré, la gorda estaba plácidamente en la cama de arriba.

Pero según mi impresión, había gorda por todos lados. Al menos, restos de la gorda, estoy segura. Su ropa ocupaba "todo" el armario, sus zapatos no daban lugar para mis botas, sus revistas cubrían "todo" el piso y su respiración erizaba "toda" mi nuca...

La noche se avecinaba temible. En ese mismo instante descubrí media docena de fobias que antes no tenía. Verbigracia: soy fóbica a no lavarme los dientes antes de dormir; y en el entrevero precedente mi cepillo había quedado en la valija, y la valija en el camarote de al lado. Soy fóbica a las sábanas del ferrocarril, y mi camisón también había quedado del otro lado. Pero básicamente, soy **horriblemente** fóbica a que una gorda duerma sobre mi cabeza. ¡Un solo tornillo que fallara en las alturas y me hacía puré!

¿Por qué, mi Dios, morir tan indignamente? ¿Cómo se contaría mi muerte en la familia con el correr de las generaciones? Ya me imaginaba a mis hijos diciéndoles a su prole: **y ésta era tu abuelita, la que murió aplastada por una gorda.**

Absolutamente desconsolada, me acomodé en la fracción de milímetros que quedaban libres en el camarote. Vestidita hasta con las botas, lo único que me saqué fue el guanaco (nombre que le da mi tribu al tapado de piel de turbia pelambre).

Primero conté malas palabras, después conté durmientes.

El pulóver me picaba, el guanaco puesto de frazada se me caía para uno y otro lado, el insomnio era algo más que una metáfora borgiana. Humildemente –únicas palabras que intercambiamos–, le pedí a la gorda una revista. Pero eran tantos los sacudones del tren, que se me cruzaban los renglones.

Es cierto que estoy desinformada sobre el jet set, pero dudo que al príncipe Carlos le hayan puesto siliconas y que Verónica Castro se lleve mal con la reina, tal cual me pareció leer.

Finalmente, y sin previo aviso, se cortó la luz y la calefacción. Y hecha un nudo de chuchos, vi llegar la aurora y el Rayo de Sol. Cuando salí y lo busqué, encontré a mi malamado, no digamos sonriente pero sí descansado, en el comedor, con dos tazas de café con leche ya pedidas; y, al menos, sin su amigo plomazo.

Una duda quedó flotando en mi corazón: **¿con quién habría dormido mi adorado agente de viajes?** Mi paranoia me hacía pensar que tal vez alguna de las damiselas mencionadas la noche anterior se había materializado en el camarote... Y así llegamos a Buenos Aires.

Bueno, una duda sola no: **¿me habrá invitado para una segunda luna de miel o para ir planteándome el divorcio?**

Apuntes de un tour plebeyo a una mansión aristocrática

Un poco por mi profesión –y otro mucho por chusmerío innato– más de una vez me he metido en lugares extraños y he conocido gente más que rara (recuerdo una discoteca punk en Berlín, o un viaje en Piper con apresurado examen de conciencia incluido, por si terminaba siniestrada en algún ignoto lugar selvático).
Pero quizá nada fue tan abrumador y alucinante como mi viaje a la "Patria Aristocrática". Si me permiten, les cuento.

El cómo llegue a la Patria Aristocrática me lo reservo para no comprometer a terceros. Lo que sí cabe destacar es que si sólo logré acercarme dos veces es porque ellos no suelen alternar con periodistas, raza que, por lo que pude observar, les resulta tan agradable como jején bajo la uña. Unicamente contaré que una vez me colé como "señora de", y otra con fines de una nota.

Y tal vez quepa aclarar que pertenezco socialmente a la clase de argentino sobreviviente. Por supuesto, carezco de auto o de cuenta bancaria, pero sin embargo, y con fortuna, poseo alguno que otro amigo "rico" (considerado como tal según los parámetros antes enunciados). Con el correr del tiempo y la arterioesclerosis, había llegado a unir riqueza con aristocracia. Grave error. **Un rico es a un aristocrático lo que una lámina de calendario a un Goya auténtico.**

¿No me creen? Pues acompáñenme.

Comienza el tour

Los dueños de la casa en cuestión tenían cuatro apellidos al hilo; el más modesto sonaba a museo de Buenos Aires, y algunos traían reminiscencia de la Revolución Francesa. Me pareció una exageración, pero me consolé pensando que nadie tiene la culpa de los apellidos que posee (no me gusta andar criticando a la gente por detalles previos).

Pasaron a buscarnos por nuestra casa (ya aclaré que no tenemos auto) para llevarnos a su propia casa que, como corresponde, quedaba **muy alejada de la nuestra.** Allí, en el auto, apareció el primer personaje:

El señor

Por fuera no tenía nada de singular, salvo unos lindos ojos claros y ese aspecto radiante propio de los que sólo se dedican a rascarse el ombligo.

Arrancamos y enseguida pedí cigarrillos. El señor no fumaba, de modo tal que había que comprarlos. El tema lo sumió en un desconcierto extremo: **¿Dónde se compraban los cigarrillos?**, me preguntó, con su cándida mirada azul. Mi mirada –también azul, pero enturbiada– le contestó: **En un quiosco.**

–¿Y dónde quedan los quioscos?

Cual una madre, le expliqué cuáles eran el color, la forma y la idea general de un quiosco, y para más datos le señalé uno con el dedo. Se bajó presto como una gacela y reapareció con cuatro atados porque **no distinguía bien la marca que le había pedido...** Todo anunciaba que el día iba a depararme más de una sorpresa.

Durante el viaje que restaba, el anfitrión se abocó a desarrollar sus ideas políticas, que podrían resumirse más o menos así: **a partir de la democracia, el comunismo había llegado a nuestra Patria.** Eso sí: siendo él (nuestro anfitrión) una persona muy bien educada, y siendo sus huéspedes (nosotros) decididamente democráticos, se apresuró a aclarar que en realidad no le importaba tanto el comunismo, y hasta podría simpatizar con él. Nada personal. Su monólogo, por lo extrañamente surrealista y lo profundamente cálido, no nos motivó la menor réplica. Con nuestro silencio asumimos al mismo tiempo el comunismo reinante en el país, y la sana tolerancia democrática. Amén.

Arrullados por su verba arribamos por fin a su casa, que es una forma de denominarla: sólo se parecía a la nuestra en que ambas tienen piso, techo y paredes.

La señora y los hijos

El hombre no sólo tenía esa casa sino también una patrona con la cual, llevada por fáciles asociaciones, pensé que podíamos iniciar un diálogo. Nada mejor –creí– que intentarlo por el lado de los chicos; **después de todo, todas las madres se parecen, ¿no?**
No.

Le pregunté entonces por su hijo varón y la respuesta fue:
–Tiene 10 de handicap.

La miré con pavura: ¿debía felicitarla o consolarla? ¿Qué sería el handicap? ¿Un virus contagioso, ante el cual venía bien un "No se aflija, la medicina ha avanzado mucho y ya se le va a pasar"? O una medida de tórax donde cabría decir: "¡Qué fuerte su criatura! ¿Desde cuándo le da vitaminas?".

Opté por poner cara de nada, y pasé raudamente a la **hija**.

Contóme entonces la señora que su niña estaba por casarse. Me sentí más segura. Es de cajón que cuando nuestra hija se casa, y para colmo se va lejos (tal era el caso), las madres nos pongamos "tristonas". Desplegué entonces mis reflexiones; la señora me devolvió una cara desconcertada y con paciencia me explicó que:

    a) **Su hija se había criado en colegios ingleses;**

    b) **Por tal razón, nunca la había visto más que durante algunos fines de semana;**

    c) **No veía entonces cómo iba a hacer para extrañarla.**

Me rendí en toda la línea, y pasé al rubro cultural. Mi anfitriona pareció relajarse –más aún cuando le alabé la formidable colección de pinturas francesas que ornaban su recepción, amén de la maravilla de ciertas esculturas que me habían dejado el corazón perforado de envidia. Fue ahí cuando preguntó:

–¿Qué le parece el Chagall que cuelga en el Pompidou, subiendo, a mano derecha del segundo piso?

La señora tomó mi expresión de desconcierto por un leve despiste geográfico, y piso por piso y obra por obra me describió el Pompidou con la misma naturalidad con que yo puedo describir dónde están los fideos, el detergente o el azúcar en mi supermercado. La voz me salió del esófago cuando debí aclararle que no conocía el Pompidou, y la conversación cayó en un bache del que no volvió a emerger durante el resto de la jornada. Como broche de oro, habiéndome preguntado mi profesión, la señora me enterró en el rubro "insignificancias varias". Pero hasta las insignificancias varias solemos tener hambre, así que me preparé para lo mejor.

The lunch is served

Con una campanita que parecía de oro se nos llamó a la mesa. Y supe desde el primer momento que, aunque mi cultura llegara hasta manejar los cubiertos de pescado, algún estropicio iba a hacer con tantos santos renacentistas observándome sobre el hombro.

Dicho y hecho. Me avergüenza recordar que durante toda la charla anterior había estado con un chicle en la boca. Pero lo masticaba con tanto disimulo que no se notaba. Pues bien, en el momento de sentarme a comer "algo" debía hacer algo con él, y hay dos cosas que son imposibles de eliminar con elegancia: un chicle usado y un profiláctico ídem. Luego de meditarlo con serenidad, decidí pegarlo en el celofán de los cigarrillos. Era una idea excelente, sólo que al apoyarlos sobre la mesa me quedó el chicle contra el mantel de hilo y en el acto se hizo un pegoteo infernal. Digo, en descargo de mis anfitriones, que miraron piadosamente para otro lado mientras yo peleaba con el chicle y el mantel tirando sin querer el tenedor de plata al suelo. Para colmo, cuando me levanté de la mesa tuve que dejar el atado pegadito para no hacer más público mi bochorno. Nótese que ya estaba directamente lanzada al estropicio social. Es mi sino.

Mientras criadas y criados avanzaban con el resto de la comida (más que escasa, sin afán de ser malévola), la charla intentó reencauzarse por caminos políticos. La señora, profundamente preocupada por el destino del país, aventuró la teoría de que la culpa de todo la tenían "los indios".

–¿Cuáles indios –pregunté con inocencia–, **si los pocos indios que quedan viven en reservaciones?**

La señora fijó en mí sus ojos gualdos y contestó con otra pregunta:

–**¿Pero cómo? ¿Y la gente del interior?**

Imaginariamente escuché el ominoso derrumbe de santiagueños, riojanos, salteños y otros millones de provincianos, cayendo hacia las tolderías. Y ya que mi incineración había sido total, decidí asumir por fin mi carácter de insecto-periodística e iniciar un interrogatorio. Total, no tenía nada que perder.

–¿Cuántos sirvientes tienen?

–**En las buenas épocas, teníamos treinta y seis** –memoró la señora–. **Por entonces, la familia alquilaba un vagón de ferrocarril cada vez que viajaba... Ahora** ("con la llegada del comunismo", debía entenderse) **sólo han quedado siete.**

Insistí en conocer la cocina, para descubrir que el cuarto donde comían los criados era más grande que mi departamento. Investigué que había noventa y ocho platos hondos y cien playos, y que la inmensa cocina económica se conservaba **por si llegaba la revolución y debían hacer el pan en casa** (viejo chiste que ya hizo Sabato en "Sobre héroes y tumbas", pero que la señora argüía con una inocencia conmovedora).

Cuando caía el sol nos volvimos para casa. Esta vez nos mandaron con un chofer; creo que intuían que con él íbamos a estar más cómodos.

Tengo un hongo de la buena suerte

Dado que el llamado "pensamiento racional" no me ha llevado por buen camino, hace ya un tiempo que he notado que me deslizo hacia lo mágico. He comenzado a sumar cábalas y a desatar los episodios más exóticos. Prendan una vela y miren.

Hasta hace poco pertenecía yo a esa clase de personas que se reían despectivamente de las cadenas de la buena suerte. Pero precisamente hace ese mismo "poco" que me llegó a la Redacción un mamotreto que, según dicen, viene recorriendo el mundo y que sin duda asegura nuestro bienestar general. Quizá lo hubiese tirado en el acto, si no fuera porque lo remitía un prestigioso colega y en la lista de "firmantes" aparecía otro de iguales méritos; ambos, de reconocido e impoluto racionalismo.

Miré el paquete desconcertada. Si estas gentes, mucho más sapientes, rigurosas y formales que yo, estaban en la **Cadena de la Felicidad**, ¿qué suerte de omnipotencia provocadora de desgracias me induciría a tirarla a la basura?

Cargué con el carpetón hasta casa, y después de cenar la abrí como quien destapa la caja de Pandora, para encontrarme con una primera página de instrucciones ¡en inglés! Dos horas y un diccionario mediante (mi inglés es tan brillante como el de Patora) me llevaron a descifrar la primera línea: **Encargue a su secretaria que haga copias de este material....** De allí en más caí en estado dubitativo, estado que generalmente acompaña al pensamiento mágico cuando uno ha sido malformado por una tabla de multiplicar.

Ser o no ser

Con la suerte hay que ser cuidadosos, pero no ambiciosos, así que todo proceder debe ser evaluado según esta consigna. Me pareció concienzudo tomar en cuenta la multitud de personas que acompañaban la cadena, a quienes ya imaginaba favorecidos y gorditos de tanta felicidad. Sin embargo, a mis dos colegas no les había visto alteraciones apreciables. Apenas si uno de ellos estrenó una camisa de estilo tropical, lo que no considero un índice de inapelable dicha, máxime estando en verano. Claro que, analizando bien la cosa, ellos **recién** mandaban su carta y, con las dificultades del correo, quizá la pócima escrita no hubiera alcanzado aún a hacer efecto... Revisé los nombres hacia atrás, y me pregunté qué clase de parabienes estaría gozando don Jonathan Smith de Filadelfia. Lo vi sentado frente al televisor, extasiado en un interminable partido de fútbol americano, con cien toneladas de pochoclo alrededor y otros cien envases de cerveza. Una temible imagen de felicidad para quien odia el fútbol, no gusta del pochoclo y es relativamente abstemia. ¿Y si contestaba las cartas y me venía "esa suerte"? Y lo que es peor: si las felicidades suelen ser distintas, paradojalmente las desgracias se parecen; potencialmente, el señor de Filadelfia y yo estábamos mano a mano en desdichas como la enfermedad, la vejez y la muerte, que también acontecen en el Primer Mundo...

Allí se me cortó la tabla de logaritmos y me aboqué a otra línea de razonamiento. En este espantoso mundo de la lógica el desconocimiento de una ley (dice nuestra Justicia) no disminuye la pena por transgredirla; ¿sería igual en el mundo de la magia? Porque en verdad no sé inglés, y si no sé, ¿cómo adivinar las calamidades que me depararía cortar la cadena? Y sin secretaria que haga las copias... ¡Má sí, me arriesgo! Si no me pisa un colectivo dentro de los próximos diez días, mi razonamiento fue correcto. Pero si no gano la lotería es porque corté la cadena.

Grillos, arañas y otras bestias

Como sabe cualquier persona juiciosamente preocupada por su destino, las arañas y los grillos traen buena suerte. A las "vaquitas de San Antonio" no hay que matarlas por las dudas, y las plumas del caburé son fantásticas para ayudar a los hados. Mis relaciones interpersonales con las vaquitas de San Antonio y con los caburés han dejado siempre mucho que desear (digamos que no puedo distinguirlos del infinito número de bichos que pueblan este mundo), pero sin embargo he sostenido apasionantes y confusos entreveros con grillos y arañas. Cierta vez, en el campo, luché denodadamente para que nadie matara a un grillo... que resultó ser una vinchuca. Finalmente apareció un verdadero grillo en mi vida, con más precisión debajo de mi cama, y que sonaba como dentro de mi oído. Me volvió loca durante todo un verano, y no recuerdo que me deparara más felicidad que el hecho de poder huir de sus proximidades.

Las arañitas, por el contrario, han sido una fuente si no de buenaventura, al menos de placer. Durante un año tuve una, muy pequeñuela, en el techo y justo arriba de mi cama. Por las noches se descolgaba sobre mi cabeza, husmeaba mis lecturas y aceptaba sin discutir mis comentarios. A la hora de dormir consideraba terminado su momento de cultura general, y se refugiaba de nuevo en las alturas. Pensándolo bien (y aunque suene a zoofilia) fue una de las parejas más apacibles que tuve, y eso ya es de muy buena suerte. Sin embargo, este verano encontré en la ducha una araña del tamaño de mi mano pero con patas finitas y otra vez caí en el desconcierto: ¿qué medida debe tener una arañita para pasar de la buena suerte a la picadura mortal? Decidí que hasta nuevo aviso y mejor información, lo correcto era sacarla de la bañera. Fue una lucha desigual: las arañas que no quieren irse pueden mostrarse muy obcecadas. Intenté subirla con engaños a un peine, del que se bajó en el acto; la acorralé tiernamente con el frasco de champú (trampa de la que huyó por encima de mi mano) y finalmente conseguí ponerla sobre una zapatilla. Mojada y rengueando la dejé en una ventana, volví a la bañadera, tropecé con el jabón y me fui de traste. Para mí, de buena suerte no era. ¿Por qué no avisan?

El glorioso hongo de Gloria

A las diez de la mañana sonó el teléfono. Medio dormida aún, escuché la voz de Gloria, fresca como una colonia para bebés. Compadecida de mi lento entender de cordobesa, repitió tres veces la historia de la que sólo pude sacar en limpio que tenía algo para la buena suerte (**¿cuánto cuesta?,** pregunté, condenándome al infierno; **nada,** replicó Gloria, disimulando la ofensa). En síntesis, que venía de Ghandhi y que ya me lo llevaba para casa.

Corté imaginando un collar, o una una estampita. A los quince minutos apareció la flaca con... ¡una pizzera envuelta en nylon! Procedió a desenvolverla, y en la pizzera había... ¡un alien!

Algo con la forma de un panqueque húmedo, traslúcido, vivo, gorgoteante.

Era el hongo.

En tres segundos me explicó que se alimentaba a té con azúcar, que olía así porque estaba sano (no quise imaginar cómo olería enfermo) y que en el curso de tres semanas pariría dos hijos que a mi vez podría regalar a otros tantos amigos, y luego disecar el original que quedaría eternamente dándome buena fortuna.

Al pronunciar la última "a", Gloria se había ido y yo estaba tan apurada que decidí tirarlo a la basura después, a mi regreso. ¡Habráse visto, a esta altura de mi vida cuando mi corazón clama por un nieto, ponerme a criar un hongo!

¿Y si la bestia caminaba de noche y esa cosa baboseante se me instalaba en la almohada y se trepaba a mi cara hasta asfixiarme?

No me le respiren cerca

Ese día llegué a la revista en uno de esos estados depresivos que sólo alcanzan las almas que adoran a Chéjov: todo en mi vida estaba mal, con agravantes.

Hecha un despojo me senté a la máquina y de pronto, prodigiosamente, el cielo se empezó a despejar. Desde la salud de mi hija en Córdoba (que era uno de los "agravantes") hasta una llamada de un ignoto lector, ofreciéndome su colección de la revista **Crisis**, la felicidad cundió sobre mí. ¡No era posible que tantas cosas buenas ocurrieran en una sola tarde! ¡Era obvio que todo ese caudal de dicha procedía del hongo! Y yo lo había dejado en ayunas...

Salí corriendo, tomé un taxi y juro que en vez de té le hubiera dado la teta. Dicen que debo pedirle tres deseos, pero... ¡se porta tan bien así solito, que para qué molestarlo...!

Con paciencia me puse a esperar su primer parto, controlaba cada noche que no sufriera contracciones, y meditaba cuidadosamente a quién le daría el primer retoño. Luego de graves forcejeos y ya habiendo cundido entre mis allegados sus fantásticos poderes, cuando al fin parió, se apersonó en casa **Petisuí** con otra pizzera y en un golpe comando se llevó al recién nacido con todas las recomendaciones del caso. Estoy esperando la segunda parición, mientras la felicidad me ronda... Aunque tal vez sea la locura. Mi marido, testigo del episodio, insiste en que cantarle el arrorró de noche le parece demente, y que no será fácil calzarle los escarpines que estoy tejiendo. Para él, que pertenece al mundo de la razón, no es más que un panqueque maloliente. Pero desde la razón ni siquiera él puede explicarme por qué en este mundo soñar ha pasado a ser una suerte de "utópico" pecado.

Palputeando el mundial

Cada cuatro años el país se sumerge en una alucinación colectiva. Un estado de éxtasis descerebelado cae cual un manto sobre las almas y durante un mes el corazón de los adultos y hasta el de los pequeñuelos late al compás de una pelota. Pero tal vez usted, hombre o mujer, pertenezca a los abominables que alientan una inclaudicable indiferencia por el fútbol; al club de los "me ne frega". Una vez más, como en cada mundial, se sentirá desconcertado, segregado e idiota.

¡Alma amiga, acá estoy para decirle que somos por lo menos dos a quienes los mundiales nos tienen hartos!

Nada como un mundial (me niego a escribirlo con mayúscula) para descubrir que vivimos en un país particularmente idiota.

¿Habrá otro adjetivo, salvo "vergonzante", para explicar que algún excelentísimo señor presidente se haya reunido con el técnico de la Selección mientras el periodismo se desesperaba preguntando si había o no "presiones" para incluir a tal o cual jugador? (El nombre de "tal o cual" no alcancé jamás a registrarlo y siempre me resistí a hacerlo por una cuestión principista.)

Lo cierto es que nos vemos sometidos al fuego cruzado de la información sobre el episodio. Ni una de otrora "cumbre" entre Bush y Gorbachov mereció nunca tanto espacio ni tan dilatada pasión. Sólo sé que esta clase de historias terminan por desatarme malevolencias del tipo:

—¡Ma' sí, ojalá les dé paperas a todos... pero las de abajo!

Anoto de memoria y al pasar otro síntoma de este cortocircuito cerebral masivo: una encuesta realizada por un noticioso a los espectadores que salían de ver la película "Fútbol Argentino". Preguntados sobre qué les había gustado más de ella, todos contestaron:

–¡El gol de Maradona a los ingleses!

¡Dale, loco! Peleamos contra la OTAN, murieron nuestros chicos, perdimos las Malvinas, arriamos la bandera, pero eso sí, que quede bien claro: ¡Qué pedazo de gol les hizo Maradona a los ingleses!

Tratar de permanecer al margen es inútil. La radio y la televisión nos ametrallan hasta con la publicidad, y aun en los programas más alejados del tema inventan concursos:

–**Si el estimable público puede contestar qué dedo suele usar para hurgarse la nariz... ¡Síííííííí! Se ha ganado un viaje al mundial.**

La gente responde a tan apasionante acertijo mandando cartas por millones. Todas y cada una de ellas demuestran que a este país le gusta el fútbol y que somos un pueblo experto en hurgarse los mocos. ¡¡¡Andá!!!

La mala memoria

Justo es reconocer que una no se vuelve adversa a tan distinguido deporte de la noche a la mañana. Mi alergia se desató en el '78 y se agudizó en el '82. Con el primer mundial, aterrizaron en mi aldea cordobesa los turistas: rubicundos alemanes, endebles japoneses, violentos escoceses y hasta un hindú. Los veo todavía cruzando nuestra plaza San Martín, al sol de una siesta de julio y, como en una película de Fellini, nos veo a nosotros... ¡¡¡Pidiéndoles autógrafos!!! De vez en cuando, alguno de ellos preguntaba sobre nuestra política. ¡Desubicado! Venir a importunarnos justo cuando éramos tan felices... ¿Que desaparecía gente? ¡Vamos! Y eso qué tenía que ver con los quinientos goles que le metimos a Perú, de guapos que éramos nomás?

En el '79, mi malestar tendió a acentuarse. Estaba yo en Buenos Aires cuando llegó la Comisión de Derechos Humanos y, simultáneamente, Maradonita ganaba alguna cosa en Japón. Por la Avenida de Mayo, cuadras de personas silenciosas esperaban para hacer una denuncia por sus seres queridos.

Metros más allá, un grupo de patriotas cantaba en la plaza exaltadas loas que abarcaban a los argentinos e involucraban en su euforia al dictador de turno (al menos se lo cantaban bajo el balcón). En los autos proliferaban los cartelitos: "Los argentinos somos derechos y humanos". Y no sólo eso, además éramos machos y una vez más: ¡¡¡¡Campeones!!!!

El acabose, en lo que a mí respecta, ocurrió cuando durante la Guerra de Malvinas, época en la que, a falta de otra cosa, todos poníamos "60 Minutos" en la televisión para saber al menos qué "no estaba pasando". Se trataba de la guerra y una inolvidable noche, al tratar de ver las noticias, las encontré reemplazadas... ¡¡¡¡por un partido de fútbol!!!!

¿Y qué le vas a hacer? Nadie tenía la culpa si justo se largaba el mundial de España, así **que el partido era en directo y la guerra en diferido.** Era lógico, la guerra no era tan divertida, nadie podía gritar ¡gooooooooooolllll! cuando hundíamos la flota inglesa. Sobre todo porque no hundíamos un carajo.

Vivir entre zombies

Un mundial, visto con optimismo, es como un largo y agudizado domingo del cual no hay escapatoria posible.

En primer término, "todos" los canales, "todas" las radios y a toda hora compiten en transmitir... lo mismo. Esto es absolutamente satisfactorio para los futboleros, que a la manera de los pueblos primitivos hacen de la repetición un rito. ¿O tal vez tendrán asociado el gol con el orgasmo? (¿Alguien lo desdeñaría por conocido y reiterado?) Desde el punto de vista de la lógica es impensable, pero ¿qué tiene que ver la lógica con el fútbol?

Otra de las características que desata el mundial es la avalancha de astucia que pueden desarrollar los alucinados con tal de no perderse un partido. Durante treinta días viviremos entre zombies. Todo aquél que circule por la calle es sospechoso: en alguna parte de su anatomía seguro que lleva conectada una radio. Los colectiveros darán mal el vuelto, pero como los usuarios también pagarán mal, supongo que las cuentas terminarán igualándose. Toda reunión social, desde un cumpleaños hasta un casorio, desembocará en una pantalla de televisión en adoración totémica. No quiero pensar lo que pasará en los hoteles alojamiento o en las noches de boda, porque indefectiblemente los varoncitos se las ingeniarán para ver el partido.

En los lugares de trabajo, desde la Casa de Gobierno, hasta la última gomería, la gente se apretujará frente a los televisores.

Dos enigmas han atravesado indemnes, años y mundiales: de dónde sacan el aparato, aun en lugares impensables, y por qué aun en las empresas más negreras, un partido es un "vale todo" donde el personal puede rascarse sin que nadie haga restallar el látigo.

En síntesis, los del club de los "me ne frega" emergeremos maltrechos de un mundial, y aun nos quedará un año más para escuchar los comentarios que descollarán por sentenciosos, catedráticos y rematadamente tontos. ¡Coraje!

Finalmente, cuando todo haya pasado, habrá que pertrechar el ánimo para el próximo, porque como la nostalgia, la mala sangre, la lluvia y las mentiras, siempre todo vuelve. Siempre vuelven.

Algún varón supo decirme, a modo de explicación, que el fútbol es la única manera que tienen de recuperar a la infancia.

Pero con todo respeto: ¿alguien puede informar cuándo salieron de ella?

Hinchando por cualquiera

Con cierta inexperiencia, podría creerse que si la Selección argentina pierde en el primer partido, o no se clasifica, o no sé cómo se llama eso, el furor tenderá a aflojar. Lejos de ello, de manera automática, los futboleros tomarán partido por algo.

En primer término elegirán una selección "hermana" que prometa: Brasil o Uruguay los pueden llevar al éxtasis. Pero de ser eliminada toda Latinoamérica y de perfilarse una final entre Italia y Alemania, se encolumnarán detrás de Italia. Y de quedar Tailandia y Namibia, de algún modo se las ingeniarán para hinchar por una de ellas. ¿Que el deporte puede ser un bello espectáculo aun sin banderías? ¡No jodan! que si no hay pasión, transmisiones a toda hora, furia y transpiración, no es fútbol... Debe ser ajedrez, debe ser.

Consejo para damas disidentes

Y aquí van algunas recomendaciones para mujeres:

• No intente distraer a su marido con un camisón negro. Sólo servirá para derribar su autoestima sin "erguir" nada.

• No se muera. Su cadáver puede quedar en el living sin cristiana sepultura, hasta que termine el circo.

• No cometa actos de protesta para llamar la atención, como encerrarse en el placard o dormir en el freezer. Sólo conseguirá una lumbalgia atroz o sabañones.

• No aproveche el tiempo para acomodar armarios. Se sentirá una mártir, amén de estúpida.

• No lea literatura erótica. ¿Pa'qué?

• Sí, prepárese todas las comidas que a usted le gustan y que hace mil años que no come porque no le gustan a su marido. En esos días a él le dará lo mismo mascar latas vacías.

• Sí, tíñase el pelo de fucsia y póngase minifalda aunque le sobren años o panza. Es imposible que alguien le haga un comentario hostil. No ven nada.

• Sí, prepárese esa máscara de tiza, huevos duros, grasa de chancho y caca, que siempre le recomendó su abuelita. Si en treinta días de usarla no le hace efecto, tal vez no sirva.

• Sí, tómese vacaciones domésticas. Deje que el caos invada

dulcemente su hogar... Y hasta cuelgue a secar sus calzones en el picaporte de la puerta de calle... del lado de afuera.

• Sí, procure tomar un amante. Aunque le será difícil: la mercadería que queda disponible es casi nula y de funcionamiento dudoso. Si lo consigue, se dará el gusto de hacer el amor en la mesa del living... mientras no le tape el televisor a su marido.

Las videocaseteras
me postran

Quizá –pensaba entonces– pase, como toda moda, pero el ser humano ha demostrado una singular vocación de permanencia en aquello que le joroba la vida. Pongamos como ejemplo la televisión, que llegó para no irse. En síntesis, la ciencia –a medida que inventa– desplaza, y en esos desplazamientos van a parar al mismo rincón tanto el sagrado arte de preparar sopa (destronada por los cubitos), como la maravilla de la yapa (aventada por supermercados y calculadoras). Y aquí, un punto y aparte para ir al tema que nos convoca. Aprieten "stop" y seguimos.

Que la gente invente cosas, no me preocupa para nada. Mi tolerancia llega al extremo de usar la penicilina y todo. Lo que me exacerba, realmente, es que no sólo invente cosas, sino que además nos obligue a consumirlas.

Asomada en la caverna desde la que contemplo la vida, nunca entendí, por ejemplo, para qué cuernos se esmeraron con el automóvil, que amén de llenar de "smog" el planeta, mata más gente por año que cualquiera de los frentes de guerra abiertos en el mundo. Pero en fin, allí están los autos y con ellos se llega más rápido para recibir malas noticias. Sin embargo, todos tienen auto, menos los que no tenemos y nos sentimos como el último garbanzo del tarro de la vida, mezclado con basurita de fondillo de pantalón usado.

Resumiendo, el auto tal vez habrá hecho felices a muchos, pero a uno le creó un complejo de inferioridad de bastarda calidad.

Y como sobre llovido mojado, después vino el televisor, después el "a color", y por último las videocaseteras.

¡Repámpanos!

Eramos tan felices...

¿Recuerdan ustedes cuando uno iba a visitar a los amigos, se tomaba mate o café, se jugaba a las cartas o simplemente se chusmeaba? Pues bien: siempre he sostenido que el arte de conversar es uno de los más sutiles y gratificantes para relacionarse.

Tampoco creo que nuestras charlas promedio tengan la más mínima genialidad. Más aún, sospecho que las últimas cosas interesantes se dijeron entre Sartre y Camus (en la época en que eran amigos). Borges era un conversador genial, pero el también murió y, además, María Kodama me ganó el sitio.

En síntesis, creo que en cualquier charla la hipocresía es grande y la limitación es mucha. Entre otras cosas porque, como dijera –otra vez– mi amado Borges, nos debemos manejar con "ese infame material de las palabras". Pese a todo, como nacimos tarde para Sartre y Camus y como el Georgie nunca nos dio bolilla, han quedado a nuestra disposición diálogos de menor cuantía, como sacarle el cuero a nuestra suegra o nuera, especular sobre la mala conducta de los vecinos y comentar cuándo llovió la otra noche.

Seguro que la posteridad no recogerá estas pláticas, pero "como la posteridad nunca ha hecho nada por nosotros" gracias te doy, Señor, por el vano parloteo de cada día.

¡Socios de la soledad!

Entonces, subrepticiamente, llegaron las videocaseteras.

Al comienzo las miraba por televisión y, sabiendo el precio, lo consideraba como algo que jamás iba a ocurrirles a los amigos ni a nosotros. Como esas tarjetas de crédito, tan pero tan exclusivas, con las que uno puede pagar desde un asiento VIP para un viaje a la Luna hasta un libro para la noche, con un buen orgasmo incluido. No fue así y un buen día fui invitada a una reunión donde tenía que conocer gente, y los dueños de casa nos hicieron sentar a ver su nuevo chiche. Me acalambré tres horas seguidas con el Narciso hecho trizas, y el trasero planchado. De allí en más la peste cundió "de norte a sur y de mar a mar". En lo que me pareció un santiamén, todos nuestros amigos se entregaron al vicio y, lo que me parece peor, a infligírnoslo.

Una suerte de incomunicación pareció haberse instalado entre nosotros, terminando con varias cosas a la vez. Anótese, al pasar, la preciosa costumbre de elegir cuidadosamente una película, guiarnos por nuestro crítico favorito, aceptar recomendaciones de amigos y partir con la regocijada conciencia de que al salir nos tomaríamos un café y debatiríamos otras seis horas la película, siempre al módico precio de la entrada.

Huelga aclarar que con el aparato de marras sólo podemos ver lo que nuestros amigos eligen. Y eligen tantas que después no recordamos el título ni bajo tortura y a duras penas reconocemos a Marlon Brando (y a veces por el amontonamiento terminamos confundiéndolo). He descubierto también que el hecho de tener varias películas a disposición desata en la gente una suerte de frenesí maniático del tipo: "¡Miremos, que se acaba el mundo!".

Chau cine, chau amable café, adiós a la mínima posibilidad de crítica o discusión.

Si para encontrar un pensamiento revoloteando en el ambiente uno debe elegir entre un grupo de videoadictos y un cactus de Arizona, mejor buscar por el lado del cactus.

Además nos dan ganas de hacer pis. En ese caso se para la película, con lo cual nuestro pichi es una molestia en luces de neón. **Todos saben que estamos haciendo pis.** El pis más culpable de nuestra vidas, después del último que nos ocurrió en la cama cuando teníamos cinco años.

También se comen horribles cosas (tipo bocaditos), que fatalmente terminan sobre nuestra falda, mientras intentamos pinchar una salchicha y al mismo tiempo descubrir quién es el asesino.

Jergas y jergones

Como ya he dicho antes, admiro y desconfío al mismo tiempo de la comunicación humana. Un somero vistazo parecería indicar que las charlas, allá por la época en que la gente hablaba, giraban en torno de lo que acontecía en el mundo (un 30 por ciento), de política nacional (un 65 por ciento) y de nuestras vidas (el 5 por ciento restante). He allí el por qué desconfío de la comunicación.

Pero si la situación no era óptima, la catástrofe ha advenido a nuestro precario reino. Inevitablemente, los nuevos cultores de estas máquinas se ensarzan en largas disquisiciones acerca de las últimas películas que "han sacado" (nótese que la palabra "visto" ha sido eliminada). Se recomiendan videoclubes, compiten por el último título y, si por ahí alguno –haciéndose el culto– menciona que "ha sacado de nuevo a Bergman", uno pega un suspiro de alivio.

...Pero el Bergman de los videos viene doblado al español.

Nos refugiamos otra vez en el jergón de los carenciados y soltamos un lagrimón al pensar en Liv Ullman diciendo: "Coños, majo, ya he dicho que eso de la muerte es un fastidio. ¡Coge tu maleta y vete!".

Los videoclips, esa "cosa"

Al mismo tiempo que las videocaseteras, comencé a ver los primeros videoclips. No se trata exactamente que no guste de ellos. Sencillamente los odio.

Que nadie se apresure a llamarme ignorante: he leído sobre la "estética del videoclip", he visto alrededor de quichicientos, y sigo pensando que existe algo profundamente antinatural en esa catalepsia de imágenes acompañada de música.

Veamos mi razonamiento: los videoclips son cine. En cine se hacen películas. Las películas se dividen entre las que nos gustan, y las otras. Asimismo los argumentos vuelven a dividirse: hay películas de perros, de policías (también de perros policías y/o de policías perros), de terror llenas de humitos o neblinas, de llorar, de amor, de guerra, de paralíticos, de cornudos y de drogadictos. Las hay también de lesbianas, de patinadores, de cowboys, de judíos, de nazis, de japoneses, de rusos, de revolucionarios buenos y malos, de feministas. Hay películas para pensar, para reír, para dormir, para aprovechar y mimarse un poco en el cine. Pero en todas, en absolutamente todas, damas y caballeros, algo pasa y termina en el **The End**.

¿Pero alguien puede explicarme con quién se casa Michael Jackson cuando finaliza el videoclip? ¿Y Paul McCartney en la misma situación? ¿Después de cantar, qué pasa? ¿Vuelve de la guerra? ¿Parte hacia ella? ¿Encuentra al asesino? ¿Es asesinado? ¿No hay asesino? ¿Va a un campo de concentración? ¿Toma o deja las armas de una revolución? ¿Se hace cartero?

Ya sé. Nadie puede explicarlo. Sencillamente porque ese cine no es cine. Uno no puede llorar ni reír, **ni siquiera escuchar música, con tanto jaleo que nos distrae.** En síntesis, señores, una verdadera estafa. Ultima disgregación de este mundo disgregado, donde ni siquiera alcanzamos a saber cuál es el malo de la película. Porque el bueno seguro no está.

Acompañantes masculinos

Quien recorra ciertos rubros clasificados de algunos diarios puede encontrar, entre señoritas, saunas y masajes, ofertas de "acompañantes masculinos". ¿Quiénes son, quiénes los usan? Quería averiguarlo. Me repetí diez mil veces: "Total, ¿quién te conoce?". Finalmente levanté el teléfono, y de allí en más, durante quince días perseguí por todo Buenos Aires a jovenzuelos esquivos, me encontré mirando fotos y eligiéndolos con una parsimonia y falta de decoro vergonzantes, trajiné lúgubres departamentos y finalmente hablé con ellos.

Primer intento

Para el primer llamado me preparé una historia conmovedora que decía así:

"Soy del interior, viuda reciente, de paso por Buenos Aires."

Traté de que mi voz pareciera levemente angurrienta, pero el señor que me atendió se mostró altamente insensible tanto a mi viudez como a mi angurria. Era el recepcionista de la agencia, y rápidamente me ofreció un stock de jovenzuelos que debería pasar a elegir "in situ". Imaginé un mercado de esclavos persas y transpiré de frío.

El señor Hernández, tal el nombre de mi interlocutor, se apresuró a tranquilizarme: los elegiría de un álbum de fotos. Su naturalidad daba a entender que **el acompañante** era para ir al cine, a un té de beneficencia o a la misa de 10.

Al día siguiente me vestí de negro doliente y partí, dirección en mano. Toqué el portero de un enigmático entrepiso sin cartel alguno y lo franqueé usando como contraseña el apellido Hernández. La puerta de arriba guardaba el mismo anonimato, pero tenía el aspecto de una casamata nazi con mirillas.

Fui examinada desde adentro y debo haber parecido una viuda, nomás, porque se abrieron cerrojos y pasé. El señor Hernández (no más de veinticuatro años) tenía el aspecto de joven gigoló metido a recepcionista con algo vidrioso en la mirada (¿o habrán sido los lentes?). El lugar era una pieza sórdida, con tres sillones desvencijados, una mesita, y sobre ella dos álbumes de fotos: uno de damas y otro de caballeros.

Un señor de traje examinaba el de damas con la gula de un coleccionista. Mi presencia lo puso nervioso. Tenía suerte porque, de sólo verlo, él a mí me dio taquicardia. Sentí que me ponía colorada y para disimular ni toqué el álbum, intentando que mi expresión sugiriera una grave equivocación, del tipo: "¿Cómo, esto no es el mercadito?".

Creo que no lo despisté, pero él tampoco a mí, dado que terminó preguntando:

–¿Y ésta, cuánto sale?

–Trescientos dólares –contestó Hernández con el entusiasmo de quien oferta una pichincha. Al señor tal vez no le alcanzaba la plata, porque pidió una tarjeta, se despidió y se fue.

Eligiendo fotos

Ya a solas, Hernández me alcanzó solícito el álbum de caballeros. Las primeras fotos iban precedidas por una ficha técnica: nombre, edad, altura, peso, trabajos realizados (como modelos y actores), y hobbies (curiosamente, la mayoría coleccionaba perfumes). Las fotos mostraban a jóvenes hermosos y elegantemente vestidos. Ideales para llevarlos al cine, a un té o a la misa de marras. Páginas más adelante desaparecían las fichas, y las fotos cambiaban violentamente. Otros jóvenes, igualmente hermosos posaban... semidesnudos, sacando músculos o bajándose, insinuantes, los pantalones.

Tosí; era difícil imaginarse entrando a misa con ellos. Las fotos ilustraban muy bien adónde estaban dispuestos a acompañar. Levanté un par de ojos inocentes hacia Hernández:

–¿Estos no tienen ficha?

–Ejem..., todavía no están terminadas...

–¿Cuánto cuestan? –inquirí tratando de que pareciera que preguntaba por un par de agarraderas para el horno.

–Doscientos dólares las dos horas.

No quedaba mucho más para decir, salvo la verdad; y exponerme... ¿a qué? En la parte de adentro del tugurio se escuchaban voces conversando en tono bajo. Tomé envión, le dije que era periodista, y le pedí que me conectara con algunos acompañantes. Para mi sorpresa, Hernández no se enojó; por el contrario, tuvo un ataque de exhibicionismo, tal vez se imaginó inmortalizado o famoso, y raudamente se ofreció él mismo para la nota. Según me explicó, hasta antes de "ascender" había trabajado como acompañante y alcanzó a contar que su peor anécdota fue cuando lo llamaron a "trabajar" con un muerto presente; que se especializaba en turistas extranjeras, en combinación con hoteles internacionales; y que, si le tocaba una dama de setenta con mal aliento... le daba un chicle.

En ese mismo instante las voces se hicieron más fuertes, y el joven Hernández, víctima tal vez de un súbito aterrizaje en la realidad, tuvo un acceso de pánico. No estaba claro a qué le tenía miedo, pero era contagioso. Miré a mi alrededor, y más que sórdido el lugar me pareció amenazante. Estaba empachada de preguntas –¿cómo era eso del muerto?– pero me sumergí conjuntamente en la paranoia. Rápidamente hice una cita para el día siguiente, fuera de sus horas de trabajo, y salí zumbando.

Algo en su mirada me hizo sospechar que no iba a ir, y a la noche le hablé para reconfirmar la cita. Con voz vacilante me explicó que le había dado fiebre; es más, calculaba que se iba a morir en las próximas horas. Tal vez era bueno en lo suyo, pero mintiendo era terrible.

Otro intento

Quizá merezca recordar, de tanta peripecia, la vez que definidamente contraté a un acompañante.

Me apresuro a aclarar, antes que mi honor se sumerja en el fango para siempre, que la historia fue así: después de deambular telefónicamente por distintas agencias, di con un travesti, Alicia, formidablemente maternal, quien comprendió que siendo yo una señora primeriza y tímida en esas lides, previamente **quería ir a tomar un café** con el joven que ella me recomendara; y sólo después avanzar con mis bajos instintos.

Luego de afanosos trámites internos conseguí el O.K., junto con una calurosa recomendación para un tal **Angel,** quien me esperaba en un departamento de Palermo.

Puntualmente, llamé en un edificio tan normal como cualquiera. Pero Angel se negó a bajar, e insistió en que yo subiera. **¡Chau la protección de ir al café!** O subía, o me compraba una mula para que me pateara el trasero por timorata. Me encomendé a Santa Magdalena mientras se me cruzaba una posibilidad atroz: y si justo había un allanamiento, **¿a quién le iba a explicar que estaba allí por una nota?** A mi marido sobre todo. ¡Y ni siquiera tenía una camperita para taparme la cara cuando me filmaran los noticieros! Me di ánimos, y subí.

Angel resultó ser un muchacho suave, de uñas brillantes, ropa sport muy atildada, y delgadito. Parecía educado, hablaba en voz baja y sin mirar a los ojos. No era un Adonis, pero de ningún modo era feo. Por encima de todo, me pareció "profesional".

Me hizo pasar a un living diminuto que nadie se había molestado en decorar y ni siquiera en limpiar a fondo. Una casetera en el suelo derramaba música romántica llenando el aire de un engrudo rosado. Ventanas clausuradas y una media luz completan la escena.

En el acto pedí pasar al baño, cuya mugre superaba la del living; además, no tenía toallas. De paso alcancé a chusmear el dormitorio: velador con luz orquídea, cama de matrimonio y colcha de mal gusto.

Descripción de los "servicios"

Volví, nos sentamos en el living, Angel acercó su sillón al mío, y me sumergí en una de las conversaciones más extrañas de mi vida. En síntesis, el bueno de Angel tenía treinta minutos –ese lapso había pagado–, para convencerme de **"tomar el servicio",** mientras yo en ese mismo tiempo **quería datos.** Tal vez el peor momento fue cuando el muchacho, en una extraña técnica, me explicó sus medidas íntimas...

De cualquier forma, me consolé; estábamos absolutamente solos... ¿Solos? ¿Y qué eran esos ruiditos de voces y pasos sofocados que me parecía escuchar?

Cumplido el plazo desarmé mi mentira, y Angel aceptó seguir hablando. Quince minutos después se abrió una puerta y en confuso revoltijo salió una multitud de chicas y travestis en **"ropa de trabajo",** para decirlo de algún modo. Saludaron con discreción y partieron para la cocina. ¡Así que estábamos solos, que la privacidad era absoluta! ¿En qué placard habrían estado escondidos? Recordé el dormitorio, que en lugar de puerta tenía una cortina, y tuve una idea clara sobre el modo en que se divertían los habitantes del departamento cuando uno de sus compañeros "trabajaba".

Al promediar la charla, y ya en confianza, Angel me mostró la planilla del día. A las cuatro de la tarde ya llevaban seis pedidos. Me llamó la atención el de un señor que quería una "chica con aparato". Angel, solícito, me mostró el artefacto en cuestión. Apelo a vuestra imaginación para los detalles, pero juro que era realmente impresionante.

La charla siguió un rato más. Nos despedimos con amabilidad deseándonos suerte. Pero me quedé calculando, con grave desmedro para mi ego, que Angel parecía sentirse profundamente aliviado por no tener que hacer el servicio.

Era su tarde de suerte; por una vez se había ganado la plata fácil.

Esperando a Fernando

Otro aviso decía: "**Acompañantes masculinos A/Sex, privacidad absoluta**".

Una voz joven y seductora me explicó por teléfono que esa "A" significaba "atención sexual sin límite de participación", **Fernando,** tal era su nombre, aceptó que nos encontráramos en un café. Para más datos, agregó que era el modelo de televisión que en un aviso "aparece tocando la trompeta". Recordé vagamente que el mozo era lindón pero no podía ubicar la cara. ¿Cómo hacer para reconocernos? Modestamente, Fernando juró:

Es imposible que no me veas, cuando entro yo el mundo desaparece...

Yo, más sobria, le dije que iría vestida de azul.

Un martes, a la hora convenida, me senté en el bar. Leí todo el diario, confraternicé con el mozo, que se llamaba Luis, y finalmente me retiré, dándome por plantada.

Al día siguiente insistí por teléfono, Fernando juró por el Kamasutra que era yo quien se había confundido de día. La cita se rehizo para el jueves, y allí partí a esperar al joven Narciso de la trompeta.

A la media hora entró al bar un mozuelo que, si no hizo desaparecer el mundo, al menos sacudió el corazón de la concurrencia femenina. Se sentó mirando en mi dirección y después bajó la vista. ¿Era o no era? Si le clavaba los ojos y él **no era,** vería en mí a una jovata babosa provocando a un menor; y antes que eso estaba dispuesta a cortarme la yugular con la cucharita. Si cruzaba el bar, se lo preguntaba en directo y **tampoco era,** al volver a mi mesa todos los presentes se darían codazos. Peor. Pero si me quedaba sentada sobre mi redondo trasero, y él **era y se iba,** después yo metería la nariz en el escape del colectivo 23 y pediría un entierro sin honras.

El dilema me estaba alterando los rulos, cuando de pronto me avivé y mandé al mozo con el mensaje... Pero el joven **no era** Fernando y el papelón frente a Luis me lo chupé igual. Al rato me fui, pensando cuánto cobraría el ausente guanaco por dejarse dar un cachetazo de revés. Luego de unos días volví a llamar. Tal vez inducido por mi ira, Fernando me explicó el por qué de sus falluteadas; sencillamente sospechaba: yo no actuaba como la típica clienta que clama por privacidad. Pero esta vez **sí** iría, llevando **pantalón a cuadritos...**

Fue... y, ¡sorpresa!, no era el joven de la trompeta (adopta esa identidad como artículo de venta). Resultó ser levemente gordito, ojos claros, conectado a un cable de 500 voltios, buena parla e "inteligentudo". De efebo no tenía nada y el ego se lo lustraba a mano. En fin, le perdoné hasta que no tocara ni la armónica, y yo también me di a conocer. Entre tramposos, el resultado fue: tablas. Saqué el grabador, y me dispuse a escrachar.

Otros llamados verídicos

–Buenas tardes, señor, vi su número en el aviso del diario. ¿Usted es acompañante para damas?
–Sí, no... grrrrunch...
–No le entiendo... Tal vez me equivoqué, y sólo acompaña varones...
–¡Noooo...!
–Ah, entonces acompaña mujeres...
–Sssííínnnnooounngffss..
–Perdone, pero no entiendo. ¿Me va a acompañar, sí o no?
(Párrafo irreproducible, que termina así: ¡...y algún hijo de puta me hizo la cargada de publicar mi número en el diario! Hace quince días que me llaman a toda hora...)
–¿Y por qué no lo aclara de entrada?
–Porque a veces..., cuando la voz es sensual, me tiento...
–¡Por la Macarena! ¡Qué extraños caminos tiene el azar para convertir a un señor cualquiera en un frenético pecador!

• • • • •

–Señor, leo que ustedes hacen masajes. ¿En qué consisten...?
–Trabajamos básicamente con digitopuntura.
–Ajá, y eso... ¿qué me hace?
–Le alivia los dolores de espalda.
–Y... ¿nada... más?
–Descontractura las cervicales y relaja.
–¿Puedo... elegir... al masajista?
–¡Señora! ¡Soy un kinesiólogo!
–Disculpe, su aviso salió en mal lugar.

Sexo y sexismo

En otro de mis llamados levantó el teléfono una señorita con voz de camelia bajo la Luna. Traté de que la mía fuese acorde, mezclando despiste con perversión:
–¿Me puede informar qué es "disciplinario"? (Eso, y nada más que eso, se ofrecía en un aviso).
–Un servicio de sadomasoquismo.

–¿Lo tienen también para mujeres?
–No. Para damas tenemos un servicio combinado, la atendemos entre dos señoritas.

Como soy de las mujeres que tienen una singular falta de oportunidad para atacarse de feminismo, me indigné.

–¡¿Cómo que no hay sadomasoquismo para nosotras?! –grité cual si me estuvieran arrebatando el pan para mis hijos.

–Lo siento, señora, sólo podemos ofrecerle el "combinado", le garantizamos excelente atención; las señoritas son de primer nivel y cualquier dama quedará contenta.

El tenor del diálogo, con tanta "dama" por aquí y "señorita" por allá, se había vuelto una extraña mezcla de colegio de monjas con delirio total. Pero yo había quedado enganchada en el detalle: ¿por qué a las mujeres no nos pegan, caramba?

–¿Cuánto sale un "disciplinario"?
–Cien dólares.
–¿Y un combinado para damas?
–Lo mismo.
–¡Así que nos cobran igual, ¿pero a ellos les pegan y a nosotras no?!

Finalmente pregunté la dirección prometiendo enviar mi queja a los Derechos Humanos. La señorita no se inmutó. Un segundo antes de colgar, todavía alcanzó a recomendarme otra vez el servicio "combinado".

Me gané un "Martín Fierro"

Corría julio de 1992 y junto con él una de esas malas rachas en las que se gasta agenda para organizar las desgracias. De pronto sonó el teléfono y me ofrecieron la conducción de un programa en la televisión cordobesa. "¡Jamás!", contesté. Y haciendo honor a mi escasa conducta, terminé por aceptar. Todo para descubrir que al que nace y vive en un barrio, es al ñudo el estrellato. Sin embargo, valió la pena: tengo en mi biblioteca el único gaucho que amo.

Mis argumentos para negarme al productor fueron, al menos fueron sinceros: soy vieja, gorda y fulera, y además les tengo miedo a las cámaras. Mi **training** como invitada a programas de televisión en Buenos Aires, sólo me habilitaba para mantener una idea clara durante cinco segundos, y para tener cierta habilidad para hundir la panza y la nariz al mismo tiempo (es sumamente difícil). No me creyeron. Me mostraron el material que tenían sobre mi aldea y allí me derretí en un charquito de nostalgias. Así comenzó "Otros tiempos", que evocaba en imágenes la historia de Córdoba.

La estrella era bestia

No se tome lo anterior como una autodesvalorización; es que el sobrio adjetivo "ignorante" me queda chico. Cómo se puede calificar a quien pregunta, en el primer programa: **¿Dónde está la cámara?** Y que una vez instruida, la remata con un: **"Y ahora, ¿por dónde miro?"**. Ojalá eso hubiera sido todo. Recuerdo como entre tinieblas, una terrible tarde en que tuvieron que grabar seis veces las siguientes palabras: **"Y ahora fútbol"**. Obviamente dichas palabras estaban a mi cargo. Y ni con un manual japonés nadie pudo imaginar tantas maneras de decirlas... mal. El director, amigo, y hombre normalmente sereno como pocos, tiraba su gorra al aire y aullaba: "¡Que alguien le dé vino!". Mi hija, que estaba en la producción, siempre con su corazoncito tan tierno gritaba: **¡Vino no, que se va a hacer alcohólica! ¡Hay que pegarle!.** Me niego a imaginar qué deseaba hacerme el resto del equipo.

La estrella era ciega

Desde que nací, los ojos son un absoluto adorno para mi persona; apenas un lugar coherente para llevar las pestañas y ponerme rimmel. Sin embargo, sólo uso anteojos para leer y me inclino a suponer que el mundo, a más de dos metros, es un lugar grandioso. Así estaba en la salida del primer programa, cuando me indicaron mirarme en el monitor.

¡Ay, Dios! Fue tal la cara de perro que vi, que de pánico me calcé los lentes para ver de cerca. A mi juicio son bonitos, y además me tapan la cara y disimulan mi nariz. Espero que así haya sido porque de allí en más, al levantar la mirada sólo veía una niebla oscura. Resumamos: es el primer caso de una estrella ciega que hace como que ve. El tema presentaba sus complicaciones: les decía "señorita" a los señores, "señores" a las señoritas, les daba la mano a las lámparas y tropezaba con el decorado de punta a punta. Aunque, pese a todo, esos anteojos tenían una ventaja extraordinaria: jamás alcance a ver bien mi propia cara y ese fue un alivio indescriptible.

La estrella estaba gorda

Me propuse firmemente bajar de peso para entrar en el talle de la ropa que me prestaba la boutique, pero la voluntad sólo me alcanzaba para quince minutos. Durante quince minutos no comía (ésa era la parte del régimen) y durante los otros quince me engullía cinco chocolates. Como dieta no dio resultado y me condujo a situaciones vergonzosas: la dueña de la boutique lloriqueaba aferrada a mis rollos, y finalmente, en un desenlace atroz, me mandó a comprarme un body. Suena paquete y hasta me juraron que todas las estrellas usan uno, pero si quieren la verdad... las estrellas **usan faja.** Al menos un body como el mío, seguro que lo era. Para aliviar la tensión ambiente, mi marido dejó caer, como al pasar, que jamás dormiría con una mujer que usara esa prenda. Yo, para calmar los ánimos, respondía:

–**¡Por lo que me importa!**... (¿Cómo harán las estrellas en serio para mantener su libido en buenas condiciones?) Allí partí con mi bochornosa prenda, que en poco tiempo se transformó en la gran cargada de la grabación y en un trabajo extra. Una de las productoras estaba permanentemente abocada a lograr que la faja (perdón, el body) no se viera, mientras otra lidiaba con algún rollo suelto que me había quedado. Yo sólo lloraba para que me desensillaran y me dejaran volver al hotel...

La estrella estaba herniada

Si nunca han sabido lo que es una hernia de disco, es mejor que no lo averigüen. Traducido en términos femeninos, fue como un parto que duró dos meses y que, al terminar, lejos de dejarme un adorable crío, me obsequió con quinientas recomendaciones "posturales" y prohibiciones de todo tipo. Una merda. Pues bien, **eso** me dio durante el transcurso del programa. La situación era tan crítica que me tenían que llevar la cartera hasta el avión. A la llegada me esperaba mi hija; en el hotel, mi hijo el doctor. Y allí, mientras la primera tiraba el colchón al suelo, el segundo me inyectaba formol (o algo que sonaba igual, pero que no me hacía nada). Por la mañana la pieza tenía el aspecto de una orgía de los Rolling Stones con un toque de La Rosa: colchones revueltos, jeringas por doquier; todo certificado por mi cara de reviente, y vaya uno a explicar al mozo que traía el desayuno algo que nos dejara bien paradas. Temo que mi reputación en la aldea quedó aun por debajo de la de Madonna.

Rumbo al Oscar

Con la increíble habilidad de la maquilladora que me hacía el enduido (ella lo llama maquillaje), los camarógrafos y técnicos que jamás me mordieron (si me escupían el café, no me enteré) y la infinita paciencia de un equipo que sólo pudo funcionar merced a quintales de Lexotanil, el ciclo terminó y después del último programa, en el brindis de despedida lloré a raudales. En fin: regresé, se me fue la hernia, tiré la faja y me puse mucho más respetuosa con cualquier persona que haga televisión, muy en particular si es mujer.

El tiempo volvió a pasar. Y una tarde me llegó la noticia de que "Otros tiempos" estaba en la terna del **Mejor Programa** y yo en la de la **Mejor Conducció**n para el "Martín Fierro" del interior del país. Por un instante pensé que al jurado se les habían cruzado los videos, pero como no le busco cinco patas a las buenas noticias, me dio el "Síndrome del Oscar". En primer lugar, comencé un régimen. Bueno, casi. Luego decidí teñirme el pelo de verde para no pasar inadvertida, aunque por suerte fui disuadida por el único peluquero sensato que debe haber en Buenos Aires. Pero lo realmente dramático fue la pilcha... Aunque la cadena de solidaridad femenina fue intensa, ninguna de mis amigas tenía "la del Oscar". En un momento hubo tanta gente involucrada que temí que hicieran una redada y termináramos todos presos por asociación ilícita.

Mientras yo soñaba con oropeles para matarles el punto a todas las huríes de **Las Mil y Una Noches,** desechaba el alquiler de ropas porque temía contagiarme de piojos y, además, era carísimo. Finalmente, en un casamiento de doscientas personas, interrogué una por una a todas las mujeres y las fui descartando por las fortunas que habían pagado, hasta dar con una dama que compraba de un **container** que llegaba a Villa del Parque. Allá fuimos. Y salí endeudada por el resto del año, pero feliz.

...And the winner is...

El premio se entregó en Corrientes; allí llegué con mi hija y de ahí en más los recuerdos estallan. A último momento, había cedido a la locura total y me había puesto un gorro que daría envidia a un Rasputín borracho. Un colega santiagueño que tenía a mi lado juraba que parecía "una princesa rusa" ("pero con amnesia", replicaba yo, que soy loca pero modosa).

Allí estaba en el teatro esperando el premio, sintiéndome más elegante que toda una colección de **Vogue,** más bella que la Pfeiffer y más fascinante y enigmática que Meryl Streep en "La amante del teniente francés", cuando de pronto comencé a sentir un aire en la panza.

Bajé la mirada y... sí, la chaquetilla se había desabrochado de esa manera que indica que nunca más se podrá prender de nuevo. Si a Madonna le ocurre eso, la aplauden; pero aún en medio de mis delirios comprendí que no era el caso. Sujetando la panza con una mano y a mi hija con la otra, corrimos por todos los vericuetos del teatro hasta encontrar aguja e hilo y en un baño ella me cosió como un matambre.

Fue realmente penoso, pero ni esto consiguió deprimirme.

Comprendo que estaba un tantillo exaltada, y cuando por fin dijeron mi nombre y subí al escenario... por un instante me sentí ¡¡la mismísima Meryl Streep!!... ¡¡¡¡¡Hollywood, allá voy!!!!!

Apostillas de Madrid

¿Quién habrá llamado por primera vez a España "La Madre Patria"? ¡Salud a ese genial desconocido! Y si hablamos de Madrid, habría que agregarle la alegre, exultante, disparatada madre que nos parió entre un chotis, unos claveles de fuego, y un vino espeso como la sangre o la mar... y, por el medio, la vida.

Había claveles en la casa donde vivió Cervantes, pero no las flores de las ceremonias o de las secas coronas. Simplemente flores de los que hoy viven allí, vaya a saber con qué conciencia de que sus pasos se engarzan sobre aquellos pasos de su más gloriosa historia. Cuando una noche escuche cantar en un mesón: "Y vas a ver lo que es canela fina si armás la tremolina cuando llegues a Madrid", recordé a mi madre quien, francesa por todos sus orígenes, la canturreaba en mi infancia. Quizá ni sabía lo que es "canela fina", mientras yo pensaba que tremolina era un postre de vainillas.

Pero, del otro lado del mundo, las cantigas de aquella madre han acompañado nuestra infancia por más polacos o franceses que fueran nuestros viejos.

Y ese vino del alegre festejo o de la oscura riña, el vino del coraje o de los brindis, del torero que ha de morir a las cinco de la tarde o del sangriento toro, tenaz como el sol o la arena...

Todo en Madrid es como el recuerdo de lo no conocido, hasta su aire que huele a fritos con almíbar o sus piropos, escasos y brutales, y la voz de sus poetas recordando "el fiero gozo y la dorada pena" y sus taxistas locos.

O sus gitanos casi invisibles y jamás asimilados y eso del Mercado Común que poco importa en las charlas de los bares y sus dulces con nombres sutiles como "huesos de santo" o "buñuelos de viento".

O el Madrid viejo, por donde, en cualquier noche de luna, tal vez nos crucemos con Lope de Vega murmurando para sí sus nuevos versos.

Allí está Madrid, como una oferta, excitada e incitante invitación a recorrerla.

Paseando por el prado

Intentar describir las Meninas de Velázquez o su significado es algo que ya intentó Foucault con más éxito. Es imposible también explicar qué se siente frente al perro semihundido de Goya (tarea que también emprendió Thiebaut). Pero el Prado es algo más que la emoción de su pintura, es un mundo, una casa con historias y personajes. Basta con sentarse un rato y mirar a los que miran para entrar en ese particular delirio. Uno de ellos es el de los guías con su remolino de turistas que los siguen absortos bizqueando entre el cuadro y su decidor. ¿Cómo hacen para retener quichicientos nombres en cinco minutos mientras corren? Es una respuesta que tal vez tengan los guías de turismo. Pero lo que resulta inolvidable es el estilo de cada uno de ellos. Los hay sobrios y desmesurados. Y algunos tan maravillosamente teatrales que hasta da pena mirar una pintura y perderse un segundo del espectáculo que ofrecen. Los primeros se inclinan más por explicaciones técnicas que abarcan el estilo o la época; otros prefieren las historias íntimas.

–**Pues vean ustedes a esa niña** –exclamaba uno mostrando el retrato de una infanta emperifollada y aburrida–. Esa maja estaba comprometida en matrimonio con este príncipe.

Y todos los ojos se vuelven hacia la otra pared donde un joven con algo de lirio exhausto mira la posteridad.

–**Pues bien** –continúa–, **el joven de salud muy frágil murió antes de los esponsales ¿imaginan lo que pasó con la infanta?**

Notablemente nadie imagina nada pero todos estaban ansiosos por conocer su destino. El guía hace una pausa donde caben todo tipo de especulaciones dramáticas... Hasta que, habiendo calculado con exactitud la tensión de la audiencia, remata:

–**Se casó con el rey, ¡el padre del pobrecillo difunto!**

Todas las miradas se vuelven hacia el monarca que, viejo y con algo de horroroso, ha quedado enfrentado con la infanta. La desesperación cunde entre los espectadores sensibles. **¿Y quieren saber lo que nació de esta unión?** Todos quieren saber, aunque imaginan desde ya lo peor.

–Pues acompáñenme a la otra sala.

El contingente marcha ansioso tras su guía. De puro cansada me perdí el final de esa apasionante historia para sumergirme en otra.

La copista y el culto

Es muy común en los museos ver gente que copia algún cuadro con el caballete montado a su lado. El único requisito es que sea de menor tamaño que el original. Supongo que para evitar que los vendan como auténticos dado que algunos alcanzan una perfección notable. La señora estaba allí, copiando un retrato de un fraile cuando apareció el "culto".

Primero observó la obra y sospecho que la desaprobó pues no le dijo ni una palabra de aliento y luego, ostentosamente, se puso a mirar un retrato de Luis XVI que estaba al lado.

Gordo, lujurioso, corrupto, con todos los símbolos del poder y un tufillo a omnipotencia bobalicona que ni los siglos han conseguido atenuar. Como el culto no tiene interlocutor a la vista la emprende con la señora:

–¡Mire usté que mal destino el de este hombre!

La señora se sobresalta, deja de lado sus pinceles y pregunta:

–¿Qué le ha pasao, por Dió?

–Pues que le han matao.

–¿Y por qué? –se angustia ella, a quien la noticia la ha fulminado como si la hubiera leído en la última edición del diario de la tarde.

El señor, satisfecho por el efecto causado, abunda en explicaciones:

–Le han cortao la cabeza por ser nieto de Carlos Tercero.

Busco en el estropicio de mi memoria y rescato que en realidad es nieto de Luis XV. Pero aun así, por el camino estuvo la Revolución Francesa, que fue más determinante de su muerte que el abuelo. No sé qué clase de información maneja la señora pero a ella tampoco la satisface la respuesta. Con ánimo de dar batalla inquiere:

–Y con eso qué, con la clase de abuelos que tiene la gente...

Frente a esta lógica implacable el señor avanza por otro flanco:

–Es que no sabe usté la mujé que tenía.

–¡No me diga...!

La señora se acomoda para escuchar un relato suculento. Al parecer son más de su gusto las infamias de la reina que la muerte del rey... Huyo antes de que el señor mezcle todas las malas mujeres de la historia y dejo a Luis XVI a cargo de la situación. Después de todo, aun siendo tan poco vivaracho, de intrigas debe saber mucho. Para irme de Madrid aún me falta encontrarme de casualidad con argentinos en el tren para Toledo. Hace 45 días que recorren Europa y han llegado a una conclusión sin apelaciones: "Como la Argentina no hay nada"...

Nada igual que los argentinos –pienso–, que además de ser también un poco burros no tenemos ni siquiera el maravilloso gracejo de los españoles.

Me despido cenando rabo de toros con Julieta y Fito, digo "hasta logo" a esa ciudad maravillosa y... ¡allí voy, París!

¡Horror, me convertí en porteña!

Así como Gregorio Samsa, el personaje de Kafka, descubre que se está metamorfoseando en un monstruoso insecto, cierta noche –a eso de las ocho y media– encontré que me había transformado en una porteña: a bordo del 102, impíamente le clavé la cartera en el esternón a un caballero, le asenté un taco de punta a una digna anciana, le enchufé el codo en la oreja a un discapacitado y, finalmente, me tiré sobre el asiento así conquistado y me quedé dormida, escuchando imperturbable el coro de maldiciones sobre mi cabeza. Pero, sin duda, la metamorfosis había comenzado mucho antes. Siga usted esta triste historia intitulada: "De aquella dulce provinciana a esta yegua porteña".

Antes de llegar a esta metrópolis, la única información que tenía de ella provenía de fuentes literarias, aquel: "No nos une el amor sino el espanto", de Borges, pasando por **Adán, Buenosayres** de Marechal, y las letras de los tangos, donde la muestran como la Reina del Plata, con un farol balanceando en la barrera y un silencio de adiós que siembra el tren.

Gloria y loor a los artistas, pero nadie me había dicho que vivir aquí es básicamente carecer de tiempo. En una secuencia de progresión catastrófica, una comienza por ahorrarlo y termina mezquinándolo a los amigos. Luego de odiar hasta la mudez total a los contestadores telefónicos, por ejemplo, ahora los amo. Me evitan preguntar: "¿Cómo estás?", y me eximen de responder cómo ando. Después de todo, ¿a quién carajos le importa?

Pero quizás el punto más sensible de esta metamorfosis se ve en la vida cotidiana. Ya conozco la maravillosa sensación de comer en un "taper" sobre el escritorio o, lo que es más letal, plegarme a los sandwiches que se comen en la Redacción de una revista y terminar embadurnada de mayonesa hasta las rodillas. ¿Y aquellas amables sobremesas donde se conversaba de literatura, de política y hasta de amor entre familia? ¿Qué familia? ¿Esa gente con la que convivo que antes se llamaba esposo o amor y ahora es un señor fastidioso que reclama comida y hasta se ofende porque me quedé dormida antes, durante y después. (Tengo, además, la sospecha de que anda preguntando precios de una muñeca inflable. En cuanto me quede tiempo me preocuparé por el tema.)

La bañadera tapada

Un síntoma de que algo extraño había comenzado a pasar en mi vida lo tuve una mañana muy temprano, al intentar bañarme y descubrir que el resumidero estaba tapado. Con una mufa más allá de lo razonable, me puse en cuatro patas, y mientras me empapaba el pelo, comencé a expulgar en ese mucus subhumano que surge de las profundidades. El esfuerzo fue grande, pero no completé la tarea. Y para buscar una sopapa no tenía tiempo. Al día siguiente me bañé con el agua a los tobillos. Fue mi vieja quien diose durante el día a la actividad de cloaquista. Tampoco tuvo suerte, y en los pocos segundos que nos vimos comentó en evidente tono de reproche: A **"alguien" se le está cayendo el pelo...**

Dejaba así entrever que me consideraba a mí la primera sospechosa, por ser tan peluda y, a mi marido, el segundo, por ser tan pelado. La cuestión hubiera merecido una réplica, una explicación, y fundamentalmente, un intento de solución conjunta, pero... no tenía tiempo, así que salí volando con mi cartera de cuarenta kilos desviándome la columna.

Al tercer día el agua me llegaba a la pantorrilla. Imposible bañarse. Mientras corría por el palier me tropecé con el portero, y lejos de una amable conversación en la que fuera sugerido o solicitado que nos destapara el artefacto, le grité por sobre el hombro: **¡Si para mañana no me destapa la bañadera, me ducho en su casa!** Siendo el señor uruguayo, y de mucha paciencia, silenció la respuesta que me había ganado en buena ley y me solucionó el problema. Si no, juro que le caía con la toalla y el jabón. Es que no tengo tiempo para esas cosas, ¿se entiende?

Vida sentimental: cero

Antes de que me ocurriera esta cosa atroz de aporteñarme, yo era una persona celosa; y en tren de confesiones, debo acotar que cuernos no me faltaron nunca.

Supongo que los sigo teniendo –los celos–, pero para ejercitarlos se necesita..., ¡lo adivinaron!: tiempo. Una espléndida y gratificante pelea comienza cuando uno percibe los primeros indicios de infidelidad, y culmina a toda orquesta y vajilla hecha trizas cuando orillamos la semiprueba (la prueba propiamente dicha es difícil de conseguir, pero con imaginarla es suficiente).

Todo esto se bate con varias amenazas de divorcio y se lo salpica con dos o tres intentos de homicidio. Luego viene la reconciliación con un molto allegro vivace, ovaciones y hasta algún bis. Pues bien, en materia de percibir indicios, ahora pueden desfilarme todos los elefantes del Circo de Moscú en polleritas rosas, y probablemente me los confunda con colectivos de la línea 102, que son los que estoy esperando que pasen pronto porque se me hace tarde.

En lo que hace a la prueba, si lo encontrara a él acompañado y en nuestra propia cama, sólo le pediría que me dejara un lugar y no hiciera demasiado ruido. No estoy para perder tiempo en pavadas. Después de todo, es un ratito, ¿no?

Postraciones gastronómicas

Son las ocho de la mañana y estoy desayunando en un café. En el primer sorbo se me engancha en los dientes algo extraño. Lo pongo sobre la mano, lo doy vuelta, lo analizo.

Es, inconfundiblemente, una cucaracha.

Llamo al mozo, le pido que extienda su palma y allí le coloco el bicho. Manolo –tal es su nombre "folk"– lo examina concienzudamente y exclama: "Puesss... sí, es una cucaracha".

Luego de tan brillante deducción entomológica, procede a retirarme la taza y vuelve a los cinco minutos, triunfante, con otra llena de un brebaje igualmente turbio. Sin pestañear, me lo tomo. No tengo tiempo de discutir, ponerme levemente histérica y finalizar cambiando de bar. Sólo elevo una plegaria: que los próximos cafés traigan el virus del cólera que, al menos, tiene menos patas para masticar.

Sucede que la calidad de vida y hasta el instinto de supervivencia han sido arrasados por el cansancio. A veces, con un último reflejo, pido un té para constatar qué flota en el agua, aunque sé que si hay algo de menos de tres centímetros me lo tomaré igual. Total, lo que no mata, engorda.

Mientras cada mañana soporto el sobresalto pasivo de las malditas cucarachas, recuerdo como en un sueño que en otra vida yo me parecía a un ser humano. Creía que comer era importante, hasta hacía las tortas y comidas que en nada se parecían a ese cacho de vaca mal cocida que mastico antes de ir a la cama.

Descalabros de una porteña acelerada

• Saludar a todo el mundo sin tener la más puta idea de quién es.
• O no saludar a nadie aunque sea nuestra vieja.
• Tener las uñas llenas de costras de pinturas anteriores.
• Tener una ceja depilada y la otra no.
• Llevar en la cartera un equipo como para atravesar el desierto de Gobi.
• Quedarse dormida en el cine y roncar.
• Odiar a los taxistas que manejan despacio.
• Encender puchos teniendo otros prendidos en el cenicero.
• Salir con el maquillaje chorreado.
• Jurarse por Dios y María Santísima que "mañana paro"; pero... ya sabemos que una es una agnóstica...

Alegría: llegó el fin de semana

Cuentan las estadísticas que la gente de las grandes ciudades tiene una sorprendente propensión a suicidarse los fines de semana.

El dato me parecía intrigante, pero por fin lo entiendo. Si llegan a enterarse de que esta escriba se arrojó desde el piso trece, un domingo a las cinco de la tarde, vayan sabiendo los motivos:

a) Porque me hierve el páncreas al pasar la mañana del sábado lavando la ropa que se ensuciará durante la semana.

b) Porque me brota la epizootia luego de utilizar la tarde del mismo sábado barriendo la mugre acumulada durante la misma semana.

c) Porque se me descascara el alma fregando la cocina para que tire siete días más.

d) Porque mi marido, impertérrito e inescrupuloso, encima reclama sus spaghettis dominicales.

e) Porque el corazón se me llena de lavandina de tanto refregar el baño.

Y, además, porque... soy finalmente una porteña. Pero descubro que, entre otras cosas, debemos de ser minas de gran temple, dado que no nos arrojamos en alud por las ventanas de cada departamento, cada domingo de esta adorable ciudad.

Ahora soy la rubia del Abasto

Decir que el destino tiene algo de caracol borracho, es plagiar malamente a Shakespeare. Sin embargo, cualquiera de los que hemos atravesado los cuarenta, con sólo mirar hacia atrás, podemos vernos instalados en un mundo, una situación, un paisaje que difícilmente sea el que imaginábamos en la adolescencia. Dentro de esta anormalidad que es vivir resulta entonces bastante normal que esta cordobesa, de alma peperina y corazón de cielo abierto, haya terminado viviendo en el ombligo mismo del Abasto. Venite a mi barrio que te invito.

Primero te invito a mi casa, que cualquier porteño no vacilaría en llamar "departamento". Pero como detesto esa palabra que suena a conejera con un millón de aromas de guisos diferentes, me apresuro a aclarar que –más allá de definiciones técnicas– un lugar con dos patios **es una casa.**

Justo es reconocer que las superficies de ambos patios sumadas, alcanzan las dimensiones de un placard, pero no es menos cierto que en ellos crecen plantas y florece un jazmín indiferentes al smog, los ruidos y la sórdida amenaza de los subtes bajo tierra.

Si quisiera ponerme malévola, podría apuntar que la mazmorra del Conde de Montecristo tenía un poco más de luz, y que para entrar a la cocina hay que tomar el aspecto de un dibujito egipcio. También podría observarse que prender el calefón requiere de un acto de solidaridad sincronizado similar a los remeros del Volga; uno comienza a gritar desde el baño: **¡¡Prendééé!!**, y el grito se repite de boca en boca, y finalmente la máquina arranca cuando una ya tiene un precioso color azul. Su apagado es un drama similar, pero nadie ha dicho que la higiene personal no merezca tales esfuerzos.

Otra curiosidad de la casa es que no tiene un solo ángulo recto. Sostengo que el ingeniero fue un adelantado de Gaudí. Hay quien afirma que la hizo absolutamente en curda: todo es trapezoidal tirando a ensancharse o achicarse en los lugares más impropios. Los techos son incuestionablemente maravillosos, y quien no conozca la lujuria que es mirarlos panza arriba deberá de inmediato abandonar este libro.

Dentro de los exotismos de la casa, contamos con una coreana, ligada por motivos que presumimos amorosos al anterior ocupante, quien habla desde algún lugar ignoto, con un inglés aún peor que el nuestro, buscando al amado. Hay algo de seda desesperada en su garganta que nos conmueve al punto de arriesgarnos con nuestro inglés, intentando explicaciones, consuelos, datos que viajen a través del océano hacia alguna parte. Me parece que no estamos siendo efectivos porque los llamados, lejos de cesar, arrecian. Estamos pensando en hacer un curso de coreano.

Dale tu mano al vecino

Hacia la derecha hay un extraño bar iluminado como un faro donde, tanto de día como de noche, se refugian los corazones desesperados o simplemente ociosos del Abasto. Tomando hacia la izquierda por la callecita que dobla, comienza la zona roja: uno tras otro se alinean **hoteles alojamiento y saunas.** Es una región inquietante que todavía no sé cómo debe interpretarse: o las hormonas barriales están particularmente altas, o allí aterrizan todos los erotómanos de Buenos Aires. Ambas tesis me parecen exultantes.

Casi al frente, reluce como una joya una **verdulería** también abierta de noche. He logrado imaginar qué clase de urgencia puede tener un cristiano para acudir a un café, o el hormigueo desenfrenado que lo lleva a un sauna, pero decididamente no alcanzo a dilucidar qué pasión vegetariana los puede impulsar a comprar rabanitos a la madrugada. Seguiré investigando.

Caminando una cuadrita hacia Corrientes aparecen **el subte** y **el viejo mercado abandonado.** Nuestros amigos, **que en el fondo piensan que vivimos en un lugar de mierda,** intentan consolarnos contándonos lo maravillosos que será todo cuando por fin se construya allí el shopping que está planeado. Me limito a sonreír, sin decirles que abomino de esos lugares donde la gente acude los domingos a pasear, cambiando las bellezas de un árbol por una vidriera con luces dicroicas. Me fascina además ese edificio inmenso y misterioso, con algo de ballena desvalida anclada en las playas de Saint Tropez.

Para los que nos gusta escuchar lo que ya no se oye, al amanecer aparecen las voces antiguas del mercado: hay un rumor de fardos que se descargan, se negocian los precios y, en invierno, hasta flota un aroma de naranjas cubriendo el humo del café y los vapores del vino... Por la puerta de Corrientes, el reloj ha quedado detenido a las once y veinte (¿de la mañana o de la noche?), ¿en mitad de una primavera o un otoño?; ¿habrá sido mientras Carlitos Gardel desayunaba o cantaba por diez centavos en la calle Esmeralda? Son pocos los que pueden disfrutar de un misterio de ese tipo, en un mundo cubierto por "el peor de los secretos: **el olvido**".

En cuanto a los vecinos, me honro en comunicar que en nuestro propio edificio vive el mítico Morera: el primer director de cine sonoro que tuvo Gardel. Es un gallardo joven con sus ochenta bien cumplidos, con quien mantuvimos ya una amable charla en mala situación: es realmente lesivo para nuestras memorias póstumas contar que conocimos a un prócer mientras sacábamos la bolsita de basura. Destino de mujer, que le dicen...

El petiso y los borrachos

El Abasto y un marido petiso no siempre hacen una buena combinación.

Hay una zona alrededor del Mercado en la cual el barrio se transforma en el Bronx. Es la cortada Carlitos Gardel, cuyo vecindario hace culto del **tango, el ocio y la damajuana.** Además, lo hace en la calle, con evidente intención de no dejar pasar a nadie vivo, o al menos indemne.

Cualquier persona sensata que, recorriendo un barrio, se encontrara de pronto con ese espectáculo retrocedería sin decir ni mus, y agradecería al destino haber salvado su vida. Pero un petiso jamás es sensato frente a tales situaciones. En general, es todo lo contrario.

Así fue como el enano, que venía silbando bajito, se dio de bruces con la cortada y lejos de retirarse decidió atravesarla, cruzando por el medio de sus hostiles habitantes ya decididamente curdelis. Cabe aclarar que todo petiso, por una ley de compensación divina, tiene un ángel de la guarda exactamente del doble de su tamaño, sospecho que son ángeles castigados, porque cuidarlos es terriblemente esforzado. Y allí iba el mío, entre un murmullo creciente donde probablemente se debatiera quién iba a achurarlo primero.

Cuando su suerte ya parecía echada, un gordo se destacó del montón y con un abrazo equívoco le preguntó con malevolencia: **"Macho, ¿a vos te gusta Gardel?"**. Sin duda, el ángel le frenó la lengua pues a él le gusta el jazz, pero juiciosamente perjuró un amor inclaudicable por Carlitos, negando –cual Judas– hasta a los hermanos Marsalis. El gordo festejó esta común pasión convidándole vino, y de allí en más debatieron, sopesaron y acordaron sobre los méritos de Julio Sosa, Alberto Castillo, Ignacio Corsini y Agustín Magaldi.

Cada coincidencia fue celebrada con un trago. Mi enano pasó la prueba con bravura y llegó finalmente a casa algo borracho, pero con esa clase de felicidad que sólo conoce un petiso.

Creo que ya tenemos amigos en esta zona.

Abajo está el subte

Es cosa de porteños exclamar con éxtasis: "**¡Tenés el subte en la esquina!**", como si alguien pudiese "tener" un subte. Es de provincianos, en cambio, desconfiar hasta la fobia de esos intestinos oscuros repletos de espanto. Pero el subte está, así que con un Lexotanil antes de meterse y otro a la salida para frenar la taquicardia, decido usarlo.

Repto pegada a las paredes mientras mi fobia se desata en todo su esplendor: estoy absolutamente segura de que voy a caer y quedaré electrocutada entre las vías. Es inútil que me expliquen que las vías no tienen electricidad. A mí, mi mamá me lo enseñó a los cuatro años y desde esa fecha tampoco acepto caramelos de extraños (el grado de boludeces que puede enseñar una madre se transmite, además, de generación en generación).

De cualquier forma, en los subtes ocurren cosas horribles. En la combinación de **Diagonal Norte,** donde la mitad del pasillo está tapizado de negro, todo gotea y las luces son foquitos provisorios que parten de los escalones; allí, en el último de los recodos, canta una ciega escapada directamente de una obra de Sabato. He visto también zapatos abandonados. ¿Y el dueño? Seguramente era un provinciano como yo, pero algo más desprevenido. He dejado instrucciones al respecto: si algún día encuentran abandonadas mis botas, no manden coronas. Un solo clavel rojo me alcanza. El único consuelo es que la estación **que me pertenece** se llama **¡Carlos Gardel!**

Nada malo debería ocurrirme al amparo de su sonrisa refulgente.

Indice

Prólogo — 5

Padeceres... Madreceres

Cuando mi hija se robó un bebé — 11
¡Auxilio! ¡Hay algo en la heladera! — 17
Mi hija quiso adelgazar... ¡y yo aumenté cinco kilos! — 21
Pequeños delincuentes — 25
Sindicato de padres — 29
Los chicos y la ropa — 33
El hijo de los cuarenta — 37
Cuando los hijos se van de casa — 41
Mis hijos vienen de visita — 45
¡Soy abuelastra! — 49
Al que el diablo le da hijos no lo salva de sobrinos — 53
Strip tease masculinos — 59
Cómo ser un buen hijo de una idishe mame — 63

Indefectiblemente mujer

Usted, ¿no junta basura? — 69
Pequeños enigmas femeninos — 73
¿Por qué las casadas no podemos tener amigas? — 77
¡No me den más recetas! — 83
Comprando vaqueros — 85
Con el "sexo fuerte" mejor la eutanasia — 89
Chifladuras femeninas — 95
Elogio de la telenovela — 99

El delicioso arte de pelear	103
Los consejos para ser "una mujer actual" me vuelvan loca	107
Los varones son unos cobardes	111
Reavivando la pasión	115
Las minas del tango sí que la pasaban bárbaro	119
Me quiero casar con torta y todo	125
El triste destino de la que nace mujer	129
A veces es difícil cumplir años	133
Fin de semana: el hombre en casa	137
Cosas espantosas que le ocurren a una	141

Esta insensata vida

Mis papelones en el periodismo	147
De cómo seguir al marido a todos lados	151
Sur, Puerto Madryn y después	155
¡Qué luna de miel!	159
Apuntes de un tour plebeyo a una mansión aristocrática	165
Tengo un hongo de la buena suerte	169
Palputeando el mundial	173
Las videocaseteras me postran	179
Acompañantes masculinos	183
Me gané un "Martín Fierro"	191
Apostillas de Madrid	195
¡Horror, me convertí en porteña!	199
Ahora soy la rubia del Abasto	203

Otros títulos
de esta colección

Cristina Wargon
EL DESCABELLADO OFICIO DE SER MUJER
DE MUJERES, VARONES Y OTROS PERCANCES

Linda Sunshine
A LA CONQUISTA DEL SUPERMACHO
Guía de supervivencia para la mujer de los años '90

Marcelo Lacanna
ROMPIENDO HUEVOS

Vivian Loew
CÓMO CONVIVIR CON UNO MISMO
Sexo, pareja, hijos, negocios, soledad,
matrimonio, cuerpo, stress

Hugo Paredero
SOLITARIOS Y MAL ACOMPAÑADOS

Se terminó de imprimir en
el mes de febrero de 1995
en Imprenta Rosgal S.A.
Mariano Moreno 2708,
Telefax 47 25 07 - 47 29 37
Montevideo - Uruguay
Depósito Legal N° 292221/95